MAICON ROCHA

GATILHOS
MENTAIS

OS SEGREDOS DA PERSUASÃO PARA **MOTIVAR,
INFLUENCIAR, PERSUADIR E GERAR
VENDAS IMEDIATAS**... GUIA COMPLETO COM
ESTRATÉGIAS DE NEGÓCIOS PARA OBTER MAIS
CLIENTES, VENDAS E LUCROS!

Direitos Autorais

Todos os direitos reservados. Nenhuma parte deste livro pode ser reproduzida ou transmitida em qualquer forma ou por qualquer meio, eletrônico ou mecânico, incluindo fotocópia, gravação ou por qualquer sistema de armazenamento e recuperação de informações, sem a permissão por escrito do autor, exceto para a inclusão de breves citações em uma revisão. Esta publicação foi projetada para fornecer informações precisas e confiáveis sobre o assunto abordado. É vendido com o entendimento de que o autor e editores não estão envolvidos na prestação de serviços jurídicos, contábeis ou outros serviços profissionais. Se aconselhamento jurídico ou assistência especializada adicional for necessária, os serviços de um profissional competente devem ser procurados.

Os autores e a editora não garantem o desempenho, eficácia ou aplicabilidade de quaisquer sites listados neste livro. Todos os links são apenas para fins informativos e não são garantidos quanto ao conteúdo, precisão ou qualquer outro propósito implícito ou explícito.

Como um Cliente DSM, você tem permissão para imprimir uma (1) cópia impressa apenas do trabalho para o seu próprio uso pessoal. Essa impressão pode ser feita por uma gráfica comercial e a permissão é por meio deste dado a impressores comerciais para imprimir o trabalho para os fins aqui estabelecidos.

Dedicação

Para o empresário, o empreendedor, o coach, o consultor, o especialista ou o profissional de marketing - para você que arrisca tudo todos os dias para causar um impacto mais significativo no mundo e transformar este um lugar melhor - isso é para você.

Sumário

Sobre o Autor

Estudar persuasão e influência é uma das minhas paixões mais profundas e consumiu uma grande parte do meu tempo e energia nos últimos anos. Tenho familiares e amigos que dizem que minha busca beira a obsessão. Eles estão errados. Ela cruzou a linha há muito tempo.

Não conheço nenhum assunto mais fascinante, mais poderoso, mais lucrativo e, infelizmente, mais confuso. Essa confusão é mais do que lamentável. Também é amplamente desnecessário.

Dado o ritmo do mundo de hoje, nunca foi tão fácil ser poderosamente persuasivo. Nunca. Não requer boa aparência, língua de prata ou lógica infalível. Não requer confiança, carisma ou uma personalidade magnética. É uma questão simples quando se corta toda a fumaça. É cortar a fumaça que é a parte difícil.

Na verdade, se você ainda não desenvolveu seus poderes de persuasão ao nível que deseja, provavelmente não tem nada a ver com você. Dado o jogo de estratégia e desinformação disponível, é um milagre que ainda possamos nos entender, muito menos persuadir um ao outro.

Adentrar nesse universo me deixou ainda mais encantado pela arte de viver e compartilhar o pouco que aprendi com outras pessoas.

Tenho que admitir que sou realmente fascinado por psicologia, vendas e pessoas. E esse é o motivo de estar escrevendo para você exatamente agora... Espero que aproveite a jornada.

Como Ler Este Livro: Conselhos Dos Mestres

Algum tempo atrás, um repórter viajou ao Tibete para entrevistar um velho sábio mestre zen. Quando os dois se sentaram para tomar chá, em vez de deixar o mestre Zen falar, o repórter começou a se gabar de todas as coisas que sabia sobre a vida!

O cara tagarelava sem parar enquanto o mestre servia o chá do repórter. Enquanto ele balbuciava sem parar, o chá rapidamente subiu até a borda de sua xícara e começou a derramar no chão. O repórter finalmente parou de tagarelar e disse surpreso: "O que você está fazendo? Você não pode mais continuar! O copo está transbordando!"

"Sim", respondeu o sábio mestre. "Esta xícara de chá, assim como sua mente, está tão cheia de ideias que não há espaço para novas informações. Você deve primeiro esvaziar sua cabeça antes que qualquer novo conhecimento possa entrar."

Esteja aberto a novas ideias, mas não acredite no que eu digo.

Não acredite nem desacredite no que você lê neste livro. Eu nem quero que você aceite o que eu digo como a melhor maneira. E, acima de tudo, não leia este livro e diga: "Uau! Maicon realmente conhece essas coisas!" e, em seguida, sente-se com um saco de pipocas na frente da TV.

A mera crença nessas ideias não vai colocar dinheiro no seu bolso. A crença por si só não vai colocar comida em sua mesa, roupas em seus corpos ou um carro novo em sua garagem. Em vez disso, quero que você experimente os resultados do uso das técnicas que compartilho com você. Experimente em sua empresa enquanto sua conta bancária cresce. Experimente a emoção de ter um número cada vez maior de pessoas entregando dinheiro a você, emitindo cheques, debitando em seus cartões de crédito e aumentando sua conta do PayPal. Como? Colocando esses princípios em ação.

Não importa o que você venda, espero que este livro o ajude a ter sucesso. Se um dia você puder atribuir até mesmo uma pequena porcentagem de seu sucesso ao que eu lhe ensinei, eu também terei sucesso.

Introdução

Você gostaria de aprender dezenas de princípios e técnicas pouco conhecidos de psicologia e publicidade usados pelos redatores e designers mais bem pagos do mundo?

Se você disse sim, este livro abrirá um mundo totalmente novo para você. Ele vai lhe ensinar segredos conhecidos apenas pelos mestres da persuasão, os especialistas em publicidade que sabem como atingir os desejos mais íntimos das pessoas e influenciá-las a gastar dinheiro. Ele vai te ensinar o que fazer e como fazer.

Dito de outra forma… este livro o ajudará a ganhar mais dinheiro.

E não importa se você vende itens de grife ou água na praia. Porque vou ensinar a você - bem aqui nestas páginas que se movem rapidamente - como entrar na mente de seus clientes em potencial como psicólogos de consumo bem pagos; como redatores de agência de publicidade extremamente habilidosos que conhecem, (e usam) todos os truques do comércio para influenciar os consumidores a ler suas ofertas e responder sacando suas carteiras.

Persuasão e Influência

Agora, se essas duas palavras o assustam, pare de ler aqui. Mesmo. Isso significa que este livro não é para você. (Acabei de usar uma técnica com você. Continue lendo e eu vou te ensinar como usá-la também.) Veja, para muitos, essas palavras evocam pensamentos de malfeitores para tirar vantagem do público pobre e desavisado.

Mas como bem disse David Ogilvy "a propaganda só é má quando anuncia coisas más".

A verdade é que você e eu somos influenciados por essas técnicas todos os dias, em todos os lugares. E, quando usado corretamente para anunciar produtos e serviços de qualidade, é perfeitamente legal, ético e moral.

Deixe-me fazer uma pergunta... Quando você entra em uma concessionária de automóveis, você realmente acha que está simplesmente batendo um papo com o vendedor?

Desculpe, você não está.

Um vendedor habilidoso é um mestre em estratégias de comunicação psicológica. Provavelmente, você não é. E o objetivo do vendedor é mudar você de "observador" para "comprador".

Veja, enquanto você está sentindo a brisa, admirando a pintura linda e brilhante, respirando o estofamento de couro aromático e babando no motor de 400 cavalos de potência, aquele vendedor "simpático" está lendo você como um livro.

Goste ou não, ele está conduzindo você por uma série de etapas deliciosamente persuasivas que são rápidas e continuamente adaptadas a cada resposta sua - e você nem percebe! (Por que eu apenas disse conduzindo você em vez de forçando? Foi intencional? Ah, sim. Explicarei em detalhes, mais tarde neste livro.) Se você disser A, ele dirá B. Se, em vez disso, você disser C, ele pulará para D. Não há muito que você possa fazer para surpreendê-lo. Ele já viu tudo isso antes.

Ouça, o objetivo dele não é ser seu amigo. Também não é acabar com seu dia com conversas agradáveis. O objetivo dele é que você assine um contrato forte e legal - o ato que coloca dinheiro no bolso e comida na mesa.

Mas não se assuste: é disso que se trata, é claro! E se você estiver feliz com sua compra, talvez compre o próximo carro dele. (Provavelmente, ele não terá que trabalhar tanto na segunda vez.)

Da mesma forma, o objetivo da propaganda não é entreter, mas persuadir os consumidores a gastar milhões, talvez bilhões de dólares todos os dias em troca de produtos e serviços. E assim como você naquela concessionária, a maioria dos consumidores não sabe nada sobre a pesquisa intensiva e a metodologia psicológica que está por trás desses anúncios! Adivinha. Eles não deveriam.

Esses comerciais que você vê e ouve na TV e no rádio são mais do que apenas uma coleção de palavras e sons. Eles são amálgamas elegantes de estratégias de comunicação projetadas para mover você de sua mentalidade atual de observador para a de comprador.

Você sabia que equipes de psicólogos especializados em consumidores costumam consultar agências de publicidade para ajudá-las a construir anúncios que afetam poderosamente os consumidores em um nível psicológico, até mesmo subconsciente? É verdade! Mas não se assuste ... é disso que se trata a publicidade! E se você estiver satisfeito com sua compra, talvez compre novamente.

Veja, a publicidade é um subconjunto da comunicação.

As vendas são um subconjunto da publicidade.

A persuasão é um subconjunto das vendas.

E a psicologia é um subconjunto da persuasão.

Cada um é uma parte do outro, e tudo leva de volta à psicologia: o estudo da mente humana.

"Mas eu só quero manter os bons cidadãos informados, Maicon! Não quero influenciar ou persuadir ninguém!" Besteira! E vou mostrar isso.

Vamos supor que você seja dono de uma pizzaria. (Isso é verdadeiro, não importa o tipo de negócio que você opera: imobiliário, médico, advogado, carpinteiro, consultor online, empreiteiro, qualquer coisa.) Se você realmente não quer persuadir ninguém, então por que não está veiculando anúncios que simplesmente indicam o que você vende, o preço e seu endereço, site e número de telefone, como este:

VENDE-SE PIZZA: R$ 29,99. Rua Mozzarella, 135 - Tel. (xx) 0101-0101

Você não faria isso em seu anúncio! Por que não? Eu vou te dizer.

Porque você não ousa querer que os clientes em potencial decidam se querem ou não comprar suas pizzas. Você prefere decidir por eles! (Isso é persuasão.) Você prefere dizer a eles como se sentem em relação à sua pizza. (Isso é influência.) O resultado é que eles compram, compram e compram. (Esse é o resultado final dessa persuasão e influência.)

Estudar psicologia para aumentar a eficácia de seus anúncios não é mau. Simplesmente ensina a você:

1. O que as pessoas desejam.
2. Como eles se sentem sobre o que desejam.
3. Porque agem dessa maneira.

E depois de saber disso, você pode:

1. Compreender melhor como satisfazer seus clientes.
2. Influenciar mais pessoas a comprar.
3. Colocar seus produtos de qualidade nas mãos de mais pessoas.
4. Ajudar a adicionar mais satisfação às suas vidas.

Veja, eu acabei de usar muitas dessas técnicas com você. Afinal, não é tão ruim, é? Não se você começar com um produto de qualidade. Claro, influenciar mais pessoas a comprar um produto ruim que normalmente se autodestrói na primeira semana de posse é outra coisa. Você não precisa de psicologia. Você precisa de uma dose de ética.

Acima de tudo, se você sofre por ser muito tímido em sua publicidade - como a maioria dos anunciantes hoje - este livro vai lhe dar uma grande chance de mudar o jogo de uma vez por todas, mesmo que você não saiba por onde começar. Pronto para se aprofundar? Vamos lá!

PARTE I
FUNDAMENTOS

Os Segredos Para Quebrar a Barreira Mental, Conversar Com o Cérebro Reptiliano e Criar Mensagens Fisiologicamente Impossíveis de Ser Ignoradas

Como Destruir a Barreira Mental, Conversar Com o Cérebro Reptiliano e Assumir o Controle Emocional

Como forma de gerar mais valor para você e para que não deixemos nenhuma informação valiosa de fora, eu vou reproduzir aqui um trecho do meu <u>livro</u> de Copywriting sobre esse assunto.

Não faz sentido reescrever do zero algo que levou quase três anos (de pesquisa, catalogação e muitos testes) para ser escrito.

Aqui está a parte mais importante...

Para entender como realmente influenciar, persuadir ou até mesmo manipular alguém precisamos dar um passo atrás e entender como a mente humana realmente funciona e como podemos usar essa informação a nosso favor.

Para compreender isso de forma prática e inteligente vamos começar por…

Os 3 Tipos de Cérebro e os Estímulos Que Ativam o Desejo, Criam Curiosidade e Secretamente Forçam as Pessoas a Agir

O nosso cérebro é dividido em três partes:

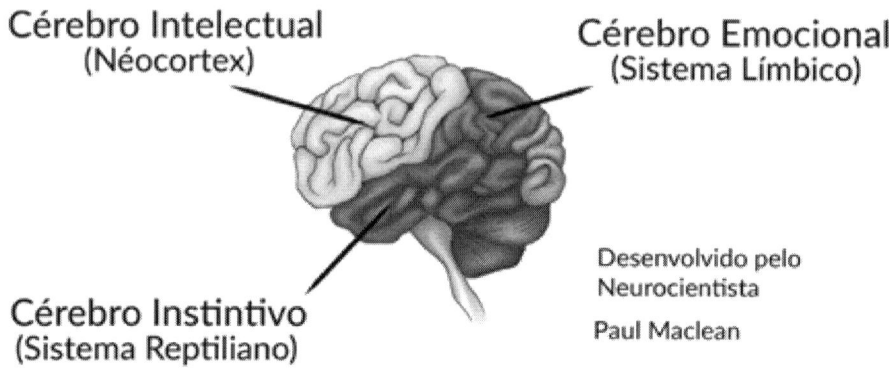

Cérebro Intelectual
(Néocortex)

Cérebro Emocional
(Sistema Límbico)

Cérebro Instintivo
(Sistema Reptiliano)

Desenvolvido pelo
Neurocientista

Paul Maclean

01 – Cérebro Reptiliano:

Responsável pelo nosso instinto de sobrevivência, lutar ou correr.

Nossos estímulos primitivos de autopreservação.

Por essa razão ele é o grande decisor se algo merece nossa atenção ou não. Se a mensagem for aceita pelo cérebro reptiliano, ela continuará sua viagem pelos outros dois cérebros.

A maioria das barreiras são criadas pelo cérebro reptiliano, na dúvida a mensagem não passa.

Por exemplo: Imagina que você está em um grande evento, lotado, de repente o seu nome é chamado no alto falante. Você sente medo, raiva, o coração acelera, você fica nervoso. Esse é seu instinto de sobrevivência entrando em ação.

Você não tem o controle da situação e por isso não consegue pensar em outra coisa durante aqueles minutos que é chamado.

Ou seja, atenção total.

02 – Sistema Límbico:

Responsável pelas nossas emoções e comportamentos sociais. Aqui nosso cérebro faz o gerenciamento da maneira mais "apropriada" que devemos agir de acordo com cada situação.

Ao contrário do cérebro reptiliano que é mais reativo à situação atual, o sistema límbico faz a utilização de memórias anteriores com relação àquela situação para definir qual o sentimento adequado e qual o comportamento ideal.

É aqui que 90% dos gatilhos mentais são ativados.

Por exemplo: imagine que você está sentado assistindo uma peça de teatro, você dormiu boa parte da peça e não gostou muito da apresentação.

Mas ao final, toda a plateia fica em pé aplaudindo fervorosamente o espetáculo. Você ficará sentado ou em pé acompanhando o comportamento das outras pessoas?

Esse é o sistema límbico em ação, regulando nossos comportamentos sociais baseados no contexto social.

03 – Neocórtex:

Nosso cérebro mais "recente" que entra em ação para processos de tomadas de decisões mais importantes ou para momentos de aprendizagem.

O neocórtex quer entender a situação como um todo, ver os detalhes, entender a lógica do que está sendo dito ou apresentado.

Ele é responsável pelas conexões neurais, faz o cruzamento das informações que têm como objetivo fixar determinado conhecimento.

Por exemplo: imagine que você voltou do teatro e decidiu entender por qual razão as pessoas gostaram tanto daquela peça. Então você assiste um documentário sobre a história daquela apresentação e começa a entender, por exemplo, que os movimentos realizados no show foram criados há muitos anos, são de difícil execução e exigem anos e anos de treino.

Após entender o quão complexo foi aquela apresentação, você passa a dar uma importância maior para o que assistiu. Esse foi o neocórtex em ação.

A melhor maneira de conseguir a atenção total do ser humano consiste em conversar com os três cérebros, porém, para conseguir ter acesso ao sistema límbico e ao neocórtex você precisa chamar a atenção do cérebro reptiliano, precisa quebrar a barreira mental.

Esse é o nosso grande desafio. Esse talvez seja um dos tópicos menos conhecidos da maioria dos "profissionais" de marketing e vendas. Essa é uma das razões pelas quais muitas peças publicitárias e cartas de vendas têm se tornado cada vez menos interessantes e gerado cada vez menos resultados.

É por não ter esse conhecimento que muitas das pequenas empresas investem em anúncios que não irão gerar resultados, palestras que as pessoas vão embora sem comprar nada e vídeos de vendas gravados com equipamentos de última geração, porém, que serão ignorados logo após os primeiros minutos.

Durante toda essa leitura você terá nas suas mãos um manual de como conversar com o seu público de uma maneira fisiologicamente impossível de ser ignorada, uma conversa mental que manterá o seu público "acordado" e preso à sua mensagem do começo ao fim.

Você será capaz de fazer isso quando descobrir como conversar com o cérebro reptiliano do seu público.

Os Estímulos Para a Ativação do Controle Mental e O Processo de Tomada de Decisão

Certamente você já percebeu que estamos preparando toda a base que você precisa para, não apenas, criar comunicações que realmente funcionam, mas principalmente, poder replicar isso.

Estamos preparando a base, a fundação. É como a construção de um edifício em que, primeiro, preparamos toda a base antes de começar a erguer as paredes.

Nós já cobrimos muito até aqui, estou me esforçando ao máximo para manter uma linguagem simples. Perceba que aos poucos estamos passando por conhecimentos que você só encontra em programas avançados de copy.

O que vou compartilhar com você nas próximas linhas pode mudar completamente a forma como você foi ensinado a lidar com os estímulos mentais e o processo de tomada de decisão.

É importante que preste muita atenção nestas palavras. Isso dará sentido prático para tudo o que vimos até aqui.

Talvez você esteja se perguntando, então porque você simplesmente não apresentou isso de forma direta?

Ficará claro depois da leitura que, sem essa base que construímos até aqui você não conseguiria compreender o sentido completo do que está prestes a ter acesso.

Peço que anote e mantenha o que veremos em um lugar visível onde possa usar como consulta todas as vezes que for escrever ou gravar.

•

O Mapa Das Emoções e as Palavras-Gatilho Capazes de Criar Emoções, Ativar Sentimentos e Fazer o Leitor Divagar

Esse capítulo talvez seja um dos capítulos mais densos, eu vou me esforçar ao máximo para deixar tudo o mais simples possível sem perder a essência. Combinado?

Eu peço que pegue papel e caneta para não perder nada, assim você pode ir anotando os insights e sacadas à medida que eles surgirem. É importante que você entenda o que veremos aqui.

Não compreender isso pode ser um preço alto demais para o seu negócio. Portanto, não hesite em voltar no conteúdo se sentir a necessidade de fixar algum conceito. Tente não passar para o próximo capítulo sem compreender o que veremos logo abaixo.

Está preparado?

Em 2014 cientistas da "Aalto University" realizaram um estudo sobre o papel que as emoções têm em nosso corpo e mente e como determinadas palavras podem ativar determinados sentimentos.

Esse talvez seja um dos estudos mais relevantes sobre o papel que as emoções têm no processo de tomada de decisão e como isso é manifestado em nosso corpo.

Eles concluíram que os sentimentos emocionais estão associados a estímulos sensoriais corporais, que podem estar no cerne da experiência emocional. Eles afirmam ter encontrado a chave para finalmente entender como determinadas palavras, pensamentos e sentimentos são processados pelo cérebro e manifestados no corpo.

Os resultados deste estudo geraram uma série sem precedentes de novas descobertas. Desde tratamentos de doenças como depressão, transtornos pós-traumáticos e uma série de outros estudos complementares.

O que é importante para a gente aqui é entender que existem determinadas palavras que ativam determinados sentimentos. Esse conjunto de palavras são chamadas "Palavras-gatilho", não gatilhos mentais, "palavras-gatilho".

Muitas dessas palavras já vêm sendo usadas há décadas para estimular determinados sentimentos que fazem as pessoas agir de uma determinada forma. No entanto, até este estudo tudo era feito de forma empírica. Em outras palavras, tentavam repetir o que funcionava na tentativa de manter a "fórmula".

Hoje isso pode ser usado de forma premeditada e, mais do que isso, você tem um mapa sobre quais palavras despertam determinados sentimentos.

Você tem noção do poder que tem isso?

Empresas de Marketing e Vendas têm usado essa informação como nunca, para atrair mais clientes e vender muito, muito mais. Agora elas sabem como ativar qualquer sentimento usando uma combinação específica de palavras.

Não é minha pretensão aqui aprofundar no assunto, vamos utilizar apenas o que é relevante para o nosso propósito, caso você queira ter acesso ao estudo completo aqui está o link (Bodily maps of emotions). Se deseja saber exatamente como usar essa informação para criar mensagens de vendas altamente persuasivas dê uma olhada na pág. 70 do meu livro de copywriting.

Antes de aprofundar eu preciso dar um aviso: É crucial que você use isso para o bem, o que você está tendo acesso aqui pode controlar grande parte das emoções e sentimentos das pessoas, é importante que você use isso com responsabilidade.

Se você não concorda com isso, pare de ler aqui. Por favor, não continue.

Aviso dado, vamos dar uma olhada no mapa corporal das emoções e entender os sentimentos que são ativados por determinadas palavras.

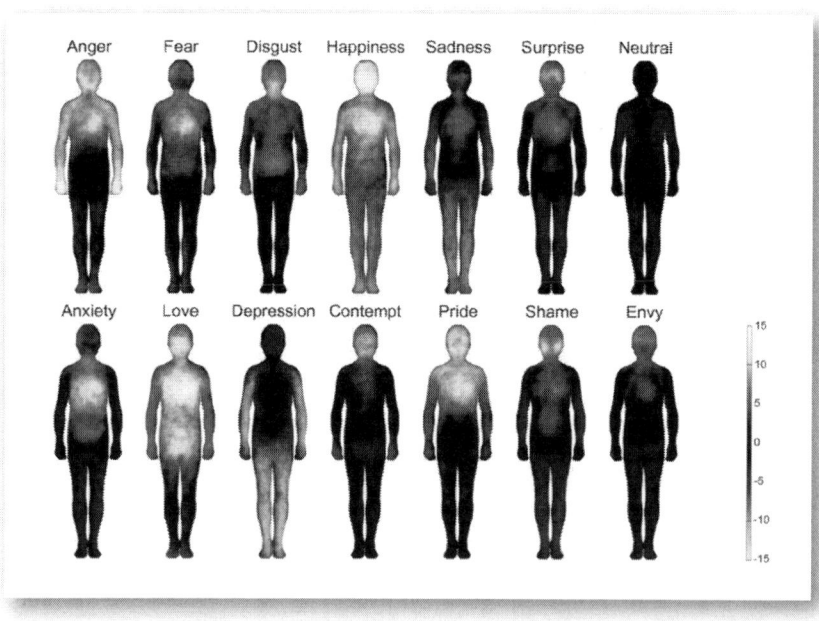

Observe no mapa acima a reação que cada emoção/sentimento desperta no corpo humano, quais regiões são mais ou menos afetadas, por exemplo:

Raiva: se pegarmos a imagem de alguém que está com raiva, o que acontece?

Observe as áreas claras. Imediatamente o sangue corre para as mãos e para a cabeça, quando a pessoa está com raiva o cérebro entende que ela precisa estar pronta para o combate, a atividade nas mãos e no cérebro ficam mais intensas.

 Se pegarmos a imagem de felicidade, o que está acontecendo?

Veja que o corpo todo está iluminado, é por isso que dizem que a felicidade é remédio para a alma, o corpo inteiro é ativado.

Imagina poder usar esse mesmo conjunto de palavras quando for vincular o próximo anúncio ou conversar com seus clientes.

Agora vamos dar uma olhada na imagem de uma pessoa com vergonha, observe que o sangue tende ir para as bochechas, esse é motivo de as bochechas ficarem vermelhas.

Se pegarmos uma pessoa com ansiedade. O que está acontecendo? Veja onde a atividade é mais intensa, note que a região do estômago é a mais afetada, por isso aquela sensação de angústia, para muitos o estômago começa a revirar, o que muitos chamam de "borboleta no estômago".

Tá Maicon, agora as coisas começaram a fazer sentido..., mas me diz, exatamente como eu uso isso no meu dia a dia, na minha comunicação de vendas, como eu posso traduzir isso em mais clientes, vendas e mais lucro?

Veremos como fazer isso em detalhes nos próximos capítulos.

Mas, antes disso, pare para pensar por um minuto... Você consegue imaginar para que nível vai seu copy e sua comunicação como um todo, de posse dessa informação?

Perceba que a conversa agora não é mais sobre headlines poderosas, ou frases matadoras ou até sobre gatilhos mentais.

Você acaba de atingir o nível de pensar o seguinte... espera aí, qual sentimento eu quero despertar, qual memória eu quero ativar, o que eu quero que o meu leitor sinta, o que eu quero que ele faça agora.

Você começa a sair de uma comunicação de nível básico, aquela que é pura influência e persuasão, com mensagens engessadas e começa a pensar em uma comunicação a nível de sentimento... agora você pensa em:

Espera aí... quais sentimentos eu quero despertar, qual a sensação que eu quero que a pessoa sinta quando ler a minha mensagem de vendas? qual o sentimento eu quero que ela tenha ao comprar o meu produto/serviço? Você agora está falando sobre motivação, autodesenvolvimento... esse é o nível 5. Perceba que nem entramos nos detalhes sobre gatilhos ainda.

E você já é capaz de criar comunicações muito mais poderosas.

Como mencionei no início... mais do que apenas escrever, você precisa aprender a pensar como um copywriter.

E não dá para pensar como um copywriter sem entender os fundamentos, a base para uma boa comunicação.

Falar em persuasão, gatilhos mentais sem compreender o básico sobre psicologia, sentimentos e como a mente realmente processa as informações é como tentar pilotar um avião sem ter tomado o treinamento de voo.

Isso nos leva a um outro ponto, como traduzir esse conhecimento em ação? É exatamente sobre isso que conversaremos nas próximas linhas.

A Tríade da Persuasão e o Segredo de Aristóteles Para Comunicações Altamente Persuasivas

Aristóteles viveu na Grécia por volta dos anos 400 a.C.

Ninguém em toda a história da humanidade contribuiu tanto quanto ele sobre as formas de comunicação, influência e persuasão.

Se pensarmos que mesmo depois de 25 séculos de sua existência toda a base da comunicação segue suas descobertas e ensinamentos é realmente fascinante.

Compreender isso é crucial se você deseja realmente persuadir ou influenciar alguém.

Mas por onde começar?

O melhor ponto de partida é entendermos a base de toda a comunicação persuasiva. A chamada TRÍADE DA PERSUASÃO.

Observe a imagem abaixo:

Vamos olhar um pouco mais de perto para entender melhor como esse tripé realmente funciona.

Veja: Cada um dos pilares é composto por uma característica principal, são elas:

1. Ethos
2. Pathos
3. Logos

O que isso realmente significa:

Vamos começar pelo primeiro...

Ethos

Significa que tudo que faz parte do Ethos está relacionado ao indivíduo. As características como caráter, credibilidade, confiança.

Habilidades, sentimentos e percepções relacionados à pessoa.

Pathos

Quando falamos sobre o segundo pilar "Pathos" estamos falando de tudo que está relacionado aos sentimentos do indivíduo.

Significa que estamos falando de emoção, sentimentos, empatia.

Logos

Quando o assunto é o terceiro tripé o mais importante é entender que esse pilar está relacionado às questões lógicas... conhecimento, razão, lógica.

Resumindo...

Toda a comunicação persuasiva vai girar em torno desses três pilares. Como você verá mais à frente os gatilhos mentais também são classificados de acordo com esses três pilares levando em consideração suas características predominantes.

Veja que usei as palavras" *características predominantes"* de propósito, porque alguns gatilhos podem fazer parte de mais de um pilar, mas sua classificação será baseada no sentimento predominante.

1. **Ethos:** Relacionado ao indivíduo, a percepção das pessoas com relação ao orador, indivíduo.
2. **Pathos:** Relacionado aos sentimentos das pessoas, da plateia, dos clientes.
3. **Logos:** Está relacionado à lógica, razão e conhecimento da própria comunicação.

Dominar isso vai poupar muito tempo, energia e dinheiro além de acelerar o aprendizado.

Depois que você realmente compreende essa relação/classificação. Você não ficará dependente de um tipo de gatilho específico ou de uma técnicazinha de persuasão.

Você começará a pensar em pilares... por exemplo.

Em vez de pensar qual o gatilho eu vou usar agora... você pensa:

Qual a melhor estratégia agora, qual pilar eu quero fortalecer (A IMAGEM PESSOAL, O SENTIMENTO DOS CLIENTES OU A ARGUMENTAÇÃO)? ... dentro desse pilar, qual o melhor gatilho a ser usado agora?

Percebe como muda o jogo?

Agora que você já conhece os pilares fundamentais para uma comunicação altamente persuasiva, vamos à prática... ou seja... dominar os gatilhos e catapultar sua comunicação.

Está preparado?

PILAR I
ETHOS

**Os Elementos Secretos Para a Comunicação
Irresistível e Uma Personalidade Magnética**

AUTORIDADE

Manda quem pode, obedece quem tem juízo...

O que você sente ao olhar para essa imagem?

Temos uma tendência natural de confiar cegamente nas pessoas que, de alguma forma, representam um símbolo de autoridade para nós.

Isso acontece principalmente por três motivos muito importantes.

1. Poupar energia
2. Poupar Tempo
3. Evitar a paralisia por overdose de informação.

Estudos recentes revelaram que, em condições normais, o nosso cérebro consome 40% ou mais de toda a energia produzida por nosso corpo. Isso significa que ele está em uma busca constante de meios para manter sua reserva de combustível sempre abastecida.

Pensar é uma das atividades que mais gasta energia e, portanto, coloca em risco as nossas reservas de energia (o combustível do cérebro).

Por que você acha que temos essa tendência natural de procrastinar?

Por que é mais fácil passar o dia assistindo TV e comendo alimentos de procedência duvidosa do que enfrentar a academia ou uma dieta restritiva?

Certa vez um cientista proeminente disse: *"As pessoas farão qualquer coisa para evitar o trabalho de pensar"*.

O tempo é escasso, finito e altamente perecível, apesar de muitas vezes o desperdiçarmos. Repudiamos a ideia de perder tempo com aquilo que não é relevante para nós.

Estamos sempre procurando algo mais rápido, mais fácil, mais simples... dito de outra forma, estamos sempre buscando atalhos na tentativa desesperada de economizar tempo.

Pense sobre isso.

Qual foi a última vez que você fez uma tarefa de qualquer jeito na tentativa de economizar tempo e energia para algo que você considerava mais importante?

Agora pegue essa nossa necessidade (Armazenar energia a qualquer custo e economizar tempo acima de tudo) e junte isso à quantidade de informação que somos bombardeados diariamente... então você começará a notar porque o atalho mental da autoridade é tão poderoso.

Imagina que precisássemos analisar minuciosamente toda e qualquer informação que recebêssemos a cada minuto, o que aconteceria?

Primeiro, nós ficaríamos completamente esgotados e paralisados diante de tanta informação disponível. Nosso cérebro não daria conta de processar todas as informações e cruzar todas as possibilidades a tempo... além de esgotar toda a nossa energia.

Multiplique isso pelos vários desejos e necessidades que temos ao longo de um único dia e entenderá o verdadeiro dilema mental ao qual estamos submetidos.

O que uma autoridade faz?

Lembre-se que de maneira subconsciente, nossa mente elimina tudo que nos causa dor e está em busca constante de prazer, o atalho da Autoridade de forma implícita vem para:

1. Nos ajuda a eliminar o trabalho de pensar trazendo a informação pronta.
2. Economiza nosso tempo, pois em "tese" já fez todas as pesquisas necessárias para chegar àquela informação.
3. Evita a overdose de informação e a paralisia cerebral nos dando a informação mastigada.

Há exceções a essa regra quando, por exemplo, pessoas mal intencionadas usam esse atalho de forma desonesta, mas não vamos tratar disso neste livro.

O fato é... não podemos ignorar esse atalho, nem se quiséssemos.

Como disse anteriormente, infelizmente muitas pessoas usam isso para fazer mal, mas esse não é o nosso foco neste livro. O nosso objetivo é dominar o uso desse gatilho para gerar resultados para o seu negócio... vamos nos limitar a isso, combinado?

Continuando...

Junte tudo isso e perceba o quanto é cômodo para nós acreditar no símbolo da Autoridade. Se você for como eu, isso deve ter explodido sua mente... assim como fez com a minha quando tive acesso a esse nível de detalhe... tudo passou a, finalmente, fazer sentido.

Como usar isso no seu negócio?

Há diversas formas de "atalho" para ativar esse gatilho, vejamos alguns bons exemplos práticos:

1. Roupas
2. Documentos
3. Certificados
4. Conselhos de Classe
5. Objetos
6. Informação

Vamos olhar mais de perto cada um deles.

Mas antes de fazer isso, é importante que você entenda dois pontos indispensáveis.

Primeiro: A autoridade é uma questão de percepção e não um símbolo universal.

Por exemplo, o seu jogador de futebol preferido é uma autoridade para você, mas para quem não curte ou não acompanha futebol é só mais uma pessoa comum.

O seu médico é uma autoridade em medicina sob o seu ponto de vista, mas no nicho de finanças, por exemplo, ele não tem tanta relevância. Quando você precisa de ajuda com questões fiscais, por exemplo, procura o médico ou um bom contador?

O seu Personal Trainer, pode de ser alguém que ajuda você a alcançar bons resultados e ser alguém que você respeita como profissional. Mas para quem não curte academia, ele não representa muita coisa... pegou o ponto?

Segundo: A frequência e nível de contato afetam a percepção

Pense na sua professora da 3ª ou 4ª série. Em algum momento de sua vida ela exerceu algum nível de autoridade sobre você, correto?

Perceba que depois de tanto tempo distante, ela não exerce tanta influência quanto antes... a não ser que a professora e mãe sejam a mesma pessoa.

Observe à sua volta e você encontrará inúmeros exemplos de pessoas que em algum momento exerceram certo nível de influência sobre você, mas hoje, por conta da distância ou do pouco contato já não são tão relevantes assim.

Você consegue se lembrar de alguém que tinha certa influência sobre você, mas neste momento não é tão influente quanto antes?

Por que é importante compreender isso?

O motivo é simples. Lembre-se que você está lendo esse livro para aprender a influenciar outras pessoas e, portanto, precisa saber o que realmente faz diferença nas relações e comportamentos humanos.

Isso significa que você precisa dominar a arte de observar.

Não basta apenas saber as técnicas, é preciso pensar como o seu cliente pensa, enxergar como o seu cliente enxerga... entender o que ele deseja e oferecer isso.

Faz sentido?

Agora que você entendeu os detalhes mais importantes, vamos aos exemplos práticos...

Roupas

Quando você vê alguém bem vestido usando um jaleco branco, qual a primeira coisa que vem na sua mente?

Isso mesmo, um médico, ou um profissional de saúde.

A depender do ambiente "contexto", essa pessoa exerce maior ou menor nível de influência sobre nós. Se estivermos num ambiente hospitalar, por exemplo, as chances são de que sigamos facilmente seus comandos.

De posse dessa informação...

O que foi que a indústria de colchões fez?

Equipou todos os seus vendedores com jalecos brancos, para que, inconscientemente possamos olhar para eles não como vendedores de colchões, mas como profissionais, doutores do sono. Vê o quanto é sutil, mas muito poderoso?

Há uma variedade quase infinita de formas de ativar esse gatilho através das roupas. Observe à sua volta e encontrará muitos exemplos.

O seu advogado, o gerente do banco, seus amigos na academia, os exemplos são muitos.

Documentos

Um bom exemplo são as carteiras de classe, com por exemplo, carteira da OAB. O que acontece com essa classe de profissionais?

A pessoa pode passar os 4 ou 5 anos na faculdade, mas se não tiver a carteira da OAB não pode atuar como advogado. Não passa de um mero bacharel em Direito.

Por outro lado, quando ele apresenta a carteira da OAB, inconscientemente, ele está transmitindo essa mensagem *"Ei, eu sou um advogado"*.

Imagina que você está em um local recepcionando seus clientes, de repente alguém se apresenta e pede para falar com o proprietário do estabelecimento. Você faz o procedimento de identificação normal... pede o documento de identificação e ele lhe entrega o documento que diz (Auditor fiscal da Receita ou Policial Federal), sua reação muda ou não diante dessa informação?

Já parou para pensar sobre isso?

Mas isso não é tudo, há muitos outros como...

Certificados

No cenário atual, essa forma de demonstrar autoridade perdeu um pouco sua eficácia. Apesar de ainda funcionar, não tem o mesmo poder que exercia há 10 ou 15 anos atrás.

Conselhos de Classe

OAB, CRM, CREA, CRC etc., etc.

São entidades que "validam a atuação de seus profissionais e associados".

Objetos

Distintivo Policial, Carros de Luxo, Mansões, Joias, Armas de fogo... e a lista continua.

Informação

Com o avanço da tecnologia dos últimos anos, essa tem sido uma das formas mais comuns de ativar esse atalho. Se você acompanha alguém que compartilha algum tipo de informação relevante para você na internet, perceberá que esse gatilho foi ativado em você.

Espere, isso não acaba aqui... há algumas perguntas que você precisa responder:

1. O que, no seu mercado, você pode usar para ativar esse gatilho?

2. O que, no seu negócio, ou no seu produto/serviço, você pode usar para gerar esse sentimento?

3. Há alguma pessoa, algum produto, alguma empresa... que você possa pegar carona para ativar esse sentimento nos seus clientes?

Pare um pouco para pensar sobre isso.

Se necessário, volte nos exemplos e comece a pensar o que você pode usar hoje, algo que esteja ao seu alcance que vai ativar esse gatilho e posicionar você ou o seu negócio como uma autoridade para seus clientes?

Pense sobre isso.

ESPECIFICIDADE

"Ele não pode estar mentindo... ele sabe o que está falando".

Imagine que você quer contratar um serviço de limpeza de pisos.

A maioria das empresas diz o seguinte:

"A melhor limpeza de pisos da região."
"Seu piso 100% limpo."

E chamadas parecidas. A verdade é que esses "slogans" não dizem nada.

Agora, imagina que você encontra o seguinte anúncio:

"Limpo pisos utilizando o produto X e a tecnologia exclusiva Power Clean, que permite limpar 5m² de piso por minuto. Como uma sala comercial média possui 25m², em apenas 5 minutos ela estará completamente limpa. Ou seja, em jornada de trabalho de

6h, cada limpador é capaz de limpar até 72 salas comerciais. Com nossa exclusiva tecnologia Power Clean, nós conseguimos um valor especial de R$1,00/m², o que gera um valor total de apenas R$1.800,00 para cada 72 salas. Uma economia de R$ 1.743,22 em comparação com o mercado.

Você consegue notar a diferença entre uma comunicação vaga e uma comunicação específica?

O primeiro anúncio não diz nada para o cliente, não responde a pergunta **"o que eu ganho com isso?"**.

O nosso segundo anúncio é claro, ajuda o cliente a perceber exatamente **o que ele vai receber, o tempo que vai demorar, quanto custa e o quanto ele economiza em comparação com o mercado.**

Isso é ser específico.

Mas isso não é tudo. A nossa percepção é alterada de acordo com o tipo de oferta.

Há uma grande diferença quando você compra um produto físico, um serviço ou produto digital.

Quando você vai a uma loja para comprar um produto físico, você sabe exatamente o que está comprando, consegue tocar, medir, sabe o tamanho, a quantidade, você tem detalhes do produto.

O que não se aplica em termos de serviço e produtos digitais.

Você não consegue medir, tocar ou sentir, você não consegue saber exatamente o que está recebendo.

Por isso, é de vital importância ser específico, descrever os detalhes do que você oferece, dizer exatamente o que o cliente vai receber, quanto tempo vai demorar, quanto custa, o quanto ele vai economizar... você precisa ser específico.

Quando você consegue fazer isso, sem perceber, você ativa três coisas na mente das pessoas.

A primeira é confiança, tangibilidade.

As pessoas conseguem se ver executando os passos. Elas conseguem se imaginar fazendo ou usando a sua solução?

Por exemplo:

"Método Barriga de Atleta em 15 dias - Os 5 Passos simples para um abdômen trincado em 15 dias ou menos – Tudo que você precisa fazer é executar a nossa sequência de 3 exercícios simples de 5 minutos cada e reduzir o consumo desses 2 alimentos pelos próximos 15 dias – Resultado garantido ou seu dinheiro de volta"

Veja o quanto fica fácil para quem está lendo isso...

1. *Barriga de Atleta, 15 dias, 3 exercícios e 2 alimentos... isso é bom, é fácil e se não der certo recebo o meu dinheiro.*

Percebe que o cliente consegue se visualizar executando cada passo de forma simples.

A propósito, esse produto ainda não existe, acabei de criar... se você é um Personal Trainer ou um Nutricionista que consegue esse resultado entre em contato comigo.

A segunda coisa é... especificidade gera curiosidade.

Por exemplo:

Como forma de acelerar o nosso aprendizado, vamos reformular o exemplo acima:

"Método Barriga de Atleta em 15 dias - Os 3,5 Passos simples para um abdômen trincado em 15 dias ou menos... sem dietas malucas ou horas na academia".

O que temos aqui?

Claro, fiz isso de forma proposital. Não são 3 passos. Também não são 4 passos. São 3 passos e meio para uma "Barriga de Atleta".

Isso gera uma curiosidade absurda.

Mas espere, vamos aprofundar um pouco mais...

Testes revelaram que números quebrados funcionam melhor que números fechados.

Falar "1.783 pessoas", é melhor do que falar "mais de mil pessoas". 83,7% é melhor do que 80%. Dizer, "nós tivemos 348 pessoas com resultados reais" é melhor do que "mais de 300 cases de sucesso".

Isso acontece por uma razão muito simples, números quebrados criam a impressão de que é um número realmente preciso e calculado.

Já começou a pensar onde você vai usar essa informação? alguns bons lugares para começar são:

- No seu site (o número de visitantes, o número de downloads, os cases de sucesso).
- Nas suas comunicações (propostas de vendas, orçamentos, nos e-mails, carta de vendas, vídeos de vendas etc.).
- Outros lugares como (checkout, informativos, recepção de vendas, cartões de visitas... você entendeu).

Isso nos leva para a terceira fato muito importante.

Autoridade

Já falamos sobre esse gatilho antes, mas como eu disse, os gatilhos estão entrelaçados e são muito mais poderosos quando você consegue combinar vários na mesma comunicação.

Quando você é específico, mostra que você sabe do que está falando, mostra que você domina os detalhes do que está abordando.

Se você consegue descrever o seu produto ou serviço de forma que as pessoas saibam exatamente o que vão receber, quanto, quais resultados esperar e como será exatamente. Isso aumenta a confiança delas, elimina dúvidas, quebra objeções e, inevitavelmente, associa você a estes sentimentos.

Confiança e autoridade são sentimentos que, por natureza, estão entrelaçados... uma vez que você ativa um deles, o outro também é ativado.

Portanto, seja específico, mostre às pessoas que você sabe do que está falando.

Agora vamos ver alguns exemplos testados, validados e bem sucedidos retirados de comunicações multimilionárias para você usar.

Mas, antes disso, eu preciso fazer um alerta.

Cuidado para não engessar a sua comunicação.

Não é porque números ímpares funcionam melhor que você vai usar todos os números ímpares.

Não é porque números quebrados geram mais resultados que você só vai usar números quebrados.

Cuidado, o contraste, como veremos à frente, é um princípio importante. Use o bom senso e fuja das regras rígidas.

Aviso dado, aqui estão alguns exemplos vencedores para você adaptar:

Se estiver criando uma mensagem de vendas, pode usar os marcadores para ativar esse gatilho e aumentar o poder da sua mensagem. Como estes:

- *Seis maneiras secretas de comprar diamantes quase perfeitos a preços inferiores aos de atacado e vendê-los instantaneamente para um lucro rápido de dois dígitos! Consulte a página 15.*

Adicione um pouco de curiosidade e você tem algo como isso:

- *O surpreendente segredo chamado "Defanging The Snake" que o colocará acima de tudo, exceto o 1% dos lutadores de rua mais habilidosos! (Na verdade, menos do que isso - nenhum lutador de rua em mil conhece esse segredo ... e isso lhe dá uma vantagem de 1000 para 1 ao se deparar com um assaltante armado!)*

- *Inclui 12 scripts de vídeo, 8 apresentações de slides, 2 mapas mentais e uma carta de vendas de formato longo dissecada e pronta para você modelar, deslizar e lucrar.*

Use a especificidade para melhorar seus depoimentos:

Veja um exemplo de um depoimento vago:

*"Eu realmente admiro o estilo de escrita de Maicon. Você é ótimo!" -**Marcos**.*

Depoimento específico:

"É bom saber que você é tão confiável e comprometido como sempre..."
"Mais uma vez, Jim, você veio com o verdadeiro negócio. Sem BS ou firula, e entregue de uma forma que é realmente fácil de

digerir e colocar em prática. Grande valor e ótimo saber que você é tão confiável e comprometido como sempre, em vez dos gurus de 'voar à noite', 'aqui hoje, amanhã'" - Peter Burton

Esse depoimento foi extraído dos mais de 20 depoimentos de uma carta de vendas para a criação de ebooks de Jim Edwards, que gerou mais de 1 milhão de dólares, observe que é curto e preciso.

Mas essas não são as únicas opções, você pode usar esse gatilho que funciona muito bem nos fechamentos.

Aqui está um bom exemplo de fechamento que você pode usar:

Livro de Segredos Comerciais de Curto Prazo, Certificado de Avaliação Gratuita De 60 Dias".

SIM! John, estou fazendo o pedido em 11 dias. Envie-me imediatamente seu livro de segredos comerciais de curto prazo para meu teste de 60 dias sem risco. Eu entendo que você não considerará meu pedido final até pelo menos 60 dias após ter enviado o livro. Isso me dará muito tempo para verificar minuciosamente os segredos que ele contém. E, se por algum motivo, ou nenhum motivo, se eu não ficar 100% satisfeito, posso devolver o livro (em qualquer condição) ... e ... você me enviará um reembolso total e rápido de cada centavo que eu paguei. Nenhuma desculpa necessária. Sem perguntas ou aborrecimentos.

DUPLO SIM! Estou fazendo o pedido em 24 horas. Por favor, inclua o novo relatório de bônus intitulado: "Como fazer $1.244,00 em lucros comerciais com apenas dois telefonemas simples!" Eu entendo que este relatório de bônus grátis - avaliado em $97 - é meu para manter, mesmo se eu decidir devolver seu livro para um reembolso

Como disse antes, estes são apenas alguns exemplos. Você tem inúmeras possibilidades. A única coisa que vai precisar fazer é dedicar um tempo para adaptá-los ao seu negócio...

No meu livro de copywriting, detalho os passos exatos de como e quando usar cada um dos mais de 247 exemplos vencedores que você pode adaptar ao seu negócio imediatamente.

PROVA SOCIAL

Se todos estão fazendo, deve ser a escolha certa.

Esse é o gatilho que ativa a nossa necessidade de buscar validação para tomar determinadas decisões.

Imagine que você viajou para um lugar que você não conhece... Então, à noite, você decide sair para jantar. Em um dos restaurantes você observa que está praticamente vazio e há lugares disponíveis à vontade. No entanto, do outro lado da rua você vê que há uma fila de pessoas para acessar o outro restaurante.

Nesse momento, qual deles parece mais atraente, provavelmente o segundo. Certo?

Por que isso acontece?

Quando não temos informação prévia suficiente para julgar algo, buscamos elementos externos para apoiar nossa decisão.

Nós fazemos isso o tempo todo, seja no momento de decidir sobre a melhor escola para nossos filhos, até a compra de um imóvel. Buscamos encontrar elementos externos para apoiar nossas decisões.

Entender isso é importante por dois motivos:

1. **Primeiro:** você pode começar a usar o princípio da aprovação social para aumentar a venda de seus produtos e serviços.
2. **Segundo:** você também pode usar isso para obter mais provas.

Também há um terceiro benefício oculto. Ao aumentar o número de provas sociais a percepção do seu nível de autoridade também será elevado.

Observe que à medida que você trabalha outros elementos, direta ou indiretamente, está trabalhando a autoridade.

Vamos voltar ao exemplo do restaurante. Supondo que você não conheça nenhum dos dois restaurantes, qual deles chamou mais a sua atenção, em qual deles a sua percepção de valor será maior, qual gera mais expectativa?

Guarde essa palavra "expectativa". Quando o assunto é prova social esse é um dos sentimentos mais importantes.

Por quê?

A resposta é simples, você não pode ter certeza sobre qual realmente é a melhor opção até ter experimentado as duas.

O que você está fazendo é tentar usar o maior número de informações externas possíveis para tomar a melhor decisão.

Até que você resolva frequentar os dois restaurantes e fazer a comparação, inconscientemente, o segundo restaurante terá uma percepção de valor maior.

Lembre-se, percepção é realidade, a percepção das pessoas molda suas realidades.

O grande ponto aqui é...

O que você pode usar para aumentar a percepção de valor do seu produto/serviço ou negócio?

Como você consegue gerar mais expectativa? Quais elementos você pode usar para aumentar a probabilidade de as pessoas quererem experimentar?

Pense sobre isso.

O grande erro que muitos empresários cometem hoje é, apesar de terem todos os requisitos necessários ou a maior parte deles para usar em seus negócios, não o fazem.

Muitos nem sabem reconhecer que já possui a maioria desses elementos.

O grande problema é que isso faz você perder muitas vendas ao longo do tempo. Principalmente para aquelas pessoas "potenciais clientes" que não conhecem tão bem o seu negócio nem o negócio dos seus concorrentes, mas precisam de uma solução urgente.

Assim como no exemplo do restaurante, o que estas pessoas estão buscando são elementos externos que as ajudem a tomar a melhor decisão com a máxima segurança possível.

Se você observar a forma como grandes players do mercado e empresas consolidadas conduzem seu marketing, notará que eles exibem uma quantidade preponderante de elementos "provas" para ajudar as pessoas a tomar a decisão.

Aqui está um bom exemplo do que quero dizer:

Observe quantos elementos foram inseridos para ajudar o cliente a decidir pela compra instantânea. Claro, aqui tem muitos outros atalhos embutidos além da prova social.

Atente-se para as setas em vermelho, elas mostram elementos que também ativam o gatilho da prova social.

Vamos olhar mais de perto alguns deles.

1. A primeira seta em vermelho indica um produto avaliado por mais de 2.000 pessoas e uma classificação 5 estrelas com 151 perguntas respondidas… veja quanta informação útil em apenas 2 linhas.

2. A segunda seta mostra uma etiqueta com o nome (Amazon Indica) ... Não é o Maicon ou o João. **A Amazon Indica.** Se analisado separadamente pode não representar muito, mas junte isso ao item anterior e você tem uma bomba atômica de prova social.

3. As setas 4 e 5 dizem que o produto é vendido e enviado pela Amazon... (Em outras palavras, o risco para o cliente é quase nulo, zero).

Além dos outros gatilhos "que ainda vamos discutir", continuando na mesma tela desse produto na Amazon, logo abaixo tem mais prova social, veja:

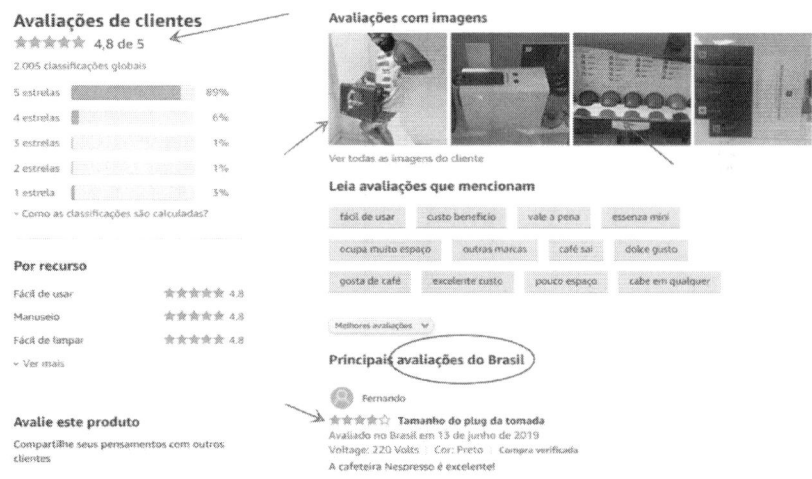

Vejamos o que temos aqui...

1. Notas e classificação das avaliações

2. Repetição do número de avaliações
3. Percentual de avaliações 5 estrelas
4. Fotos de pessoas com o produto.
5. Depoimentos
6. E um item bem pequeno quase imperceptível, mas muito poderoso que diz "Compra verificada".

Quantos gatilhos esse anúncio foi capaz de ativar ao mesmo tempo.

É disso que estamos tratando aqui!

Pense sobre isso.

Qual estratégia você pode adotar hoje para fazer com que o seu anúncio, produto/serviço comece a gerar esse tipo de sentimento no seu cliente?

Se você ainda não tem provas, aqui estão algumas ações rápidas que você pode tomar.

Vamos começar pelas avaliações e depoimentos.

Se você ainda não tem avaliações ou depoimentos experimente usar uma ou mais dessas opções já validadas:

1. Encontre pessoas que topam avaliar seu produto em troca do uso gratuito (se o seu produto é algo que não permite ser distribuído gratuitamente, pule para a próxima opção).
2. Encontre pessoas que adorariam receber um desconto e, em troca disso, aceitam enviar uma avaliação/depoimento (essa opção é menos drástica do que a primeira, mas muito fácil de ser aplicada).

3. Experimente distribuir presentes, prêmios para quem enviar depoimentos/avaliações (essa opção é muito usada no lançamento de produtos para gerar as primeiras avaliações)

4. Concursos de depoimentos (Essa é uma estratégia muito poderosa criada inicialmente por empresas de produtos de consumo. Hoje é muito usada no lançamento de produtos tanto por empresas grandes quanto micro e pequenas empresas).

5. Você paga avaliadores profissionais para analisar o produto e emitir suas opiniões (aqui eu não vou entrar no mérito do que é certo ou errado, estou apenas lhe apresentando as opções).

Agora o que você precisa fazer é agir.

Apenas ler estas palavras não vai fazer os depoimentos aparecerem, você precisa estar disposto a investir e até mesmo operar com fluxo negativo nesse primeiro momento, se necessário.

Empenhe-se em executar isso, as recompensas valem o esforço.

ESCASSEZ

Amamos aquilo que é escasso, limitado.

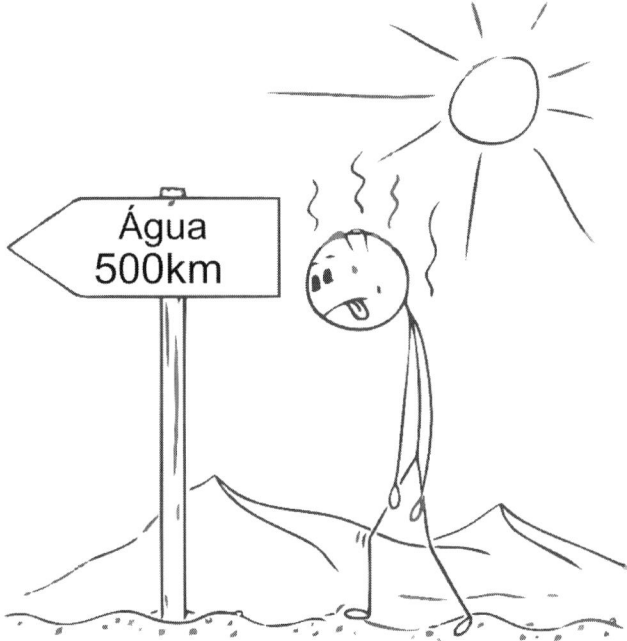

Por que você acha que o diamante é mais valorizado do que o vidro?

Isso acontece pelo fato de termos uma quantidade muito limitada de um item, nesse caso "o diamante", e uma quantidade abundante de outro item, nesse caso "o vidro".

O que é mais importante entender aqui é que, quanto mais limitado for um determinado item, produto, acesso, etc.… mais as pessoas tendem a valorizar.

No livro Influence, o Psicólogo Robert B. Cialdini conta a história de uma mulher, dona de uma loja de joias que, por acidente, gerou resultados surpreendentes usando esse gatilho.

Certa vez, essa mulher passou muito tempo tentando vender um conjunto de peças de esmeralda, sem sucesso.

Ela tentou todos os tipos de promoção, chegou até colocar as joias na sessão de pechinchas por um terço do preço original. Mas nada do que ela tentava parecia funcionar. Ela até chegou a sugerir que seus vendedores empurrassem as joias para seus clientes.

Um dia, a dona precisou fazer uma viagem e se ausentar da loja por alguns dias. Antes de sair, ela escreveu um bilhete para a sua vendedora, para que a vendedora pudesse alterar o preço das joias assim que chegasse pela manhã.

Ela escreveu em um pedaço de papel algo como, (altere o preço das joias para ½), ou seja, a vendedora deveria anunciar o conjunto de joias por 50% do preço original.

Quando a dona da loja retornou, como ela esperava, as joias haviam sido vendidas. Mas o que ela não imaginava era que elas tinham sido vendidas pelo dobro do preço.

Por engano, a vendedora entendeu a anotação no pedaço de papel como uma ordem para anunciar as peças pelo dobro do valor original.

Vamos analisar isso um pouco mais de perto.

O que realmente aconteceu para que aquele conjunto de joias fosse vendido tão rapidamente?

O que fez com que algo que já havia sido rejeitado por inúmeros clientes por diversas vezes, de repente, se tornasse algo tão valioso?

Nesse caso, o preço e a quantidade. Agora elas pareciam mais atraentes, menos acessíveis e, portanto, mais desejadas por dois motivos:

Primeiro: Era o último conjunto de esmeraldas

Segundo: O preço mais alto fez parecer que elas eram superiores.

Lembre-se da nossa tendência de atribuir valor ao preço (preços mais altos, maior qualidade).

Sabemos que nem sempre isso é verdade, mas isso não muda nossa natureza e nossa percepção quanto a isso.

Como bem disse Robert Cialdini em seu livro "As Armas da Persuasão": *"Temos uma tendência natural de atribuir o sentimento de 'caro igual a bom'... dar valor àquilo que tem preço... quanto maior o preço, maior nossa tendência de valorização"*.

Antes, aquelas joias que pareciam insignificantes, de repente passaram a ter um valor percebido muito maior, pelo simples fato de estarem com o preço acima de todos os outros itens e serem as últimas peças - como percepção é realidade - agora elas valiam mais do que todas as outras.

Certa vez, uma das pessoas responsáveis pelo marketing dos produtos da marca Chanel, em uma entrevista, revelou um fato interessante sobre o grande sucesso da marca no mundo da moda de alto padrão.

Ele disse: *"há duas coisas que aprendemos sobre psicologia humana que tem sido uma das principais razões do nosso sucesso ano após ano."*

- Primeiro: *"as pessoas valorizam mais aquilo que não podem ter, e estarão predispostas a pagar o que for necessário para adquirir".*
- Segundo*: "O fator preço gera exclusividade, desejo e uma sensação de poder quase que instantaneamente".*

Ele continua… *"em nossas lojas é comum não haver mais de um ou dois itens de cada modelo. Levamos isso a sério.*

E nossos clientes sabem disso.

Quando uma cliente compra uma de nossas bolsas, por exemplo, ela sabe que não vai encontrar outra pessoa com uma bolsa igual ao dobrar a esquina.

Buscamos garantir que nossos produtos sejam limitados e, mais importante do que isso, buscamos garantir essa sensação de limitação e exclusividade mais do que o próprio item."

O que podemos aprender com a loja de joias e o modelo de negócios da Chanel?

A grande lição que devemos tirar disso é...

Se você quiser começar a causar essa sensação de escassez, e esse desejo ardente de compra... um bom lugar para começar é pelo preço.

Isso significa que se você deseja usar esse princípio a seu favor para tornar seus produtos ou serviços mais valorizados, precisa encontrar uma forma de limitar o acesso.

Essas são basicamente as principais formas de fazer isso:

1. Aumentar o preço
2. Limitar o acesso/quantidade.

É importante ficar claro que não estamos falando de fazer isso com qualquer produto.

Estamos falando de produtos e serviços de qualidade suficiente para justificar o aumento de preço.

Não basta pegar um produto ruim e tentar vendê-lo por um preço mais alto. É muito provável que você só consiga a primeira venda, porque o cliente não retornará se a experiência for ruim. Pense sobre isso.

Quando estamos falando sobre escassez é importante que você entenda que estamos falando de um sentimento mais profundo de escassez, aquele desejo ardente escondido de superioridade.

Se analisarmos pela tríade da persuasão de Aristóteles, esse gatilho faz parte do primeiro pilar "Ethos" onde o indivíduo é o ponto mais importante.

É crucial que você entenda qual o verdadeiro sentimento envolvido para o seu perfil de cliente ou tipo de produto, para que possa usar essa informação com maior eficácia.

O grande ponto aqui é:

- O que você precisa agregar no seu produto ou serviço hoje, de modo que, você possa cobrar um valor mais alto ou limitar o acesso?
- O quanto você pode adicionar de valor para criar uma experiência que justifique o novo valor cobrado?
- Há algum produto ou serviço que você poderia aplicar isso imediatamente?

Pare um tempo e reflita sobre essas perguntas, veja o que você pode usar hoje.

O grande problema que vejo no mercado hoje é que algumas pessoas ainda carregam o pensamento arcaico de que se aumentar o preço de seus produtos/serviços eles perderão seus clientes.

Os dados têm mostrado exatamente o oposto. Mostram que profissionais e empresas que cobram mais caro "desde que atendam às expectativas" tendem a ser mais valorizadas, sem falar das margens de lucro que são infinitamente maiores.

Se você observar, o mundo digital incorporou isso há algum tempo. Principalmente nos EUA onde essa tendência surgiu.

Aos poucos foi sendo incorporada pelo Brasil.

Como usar isso na prática para ter melhores resultados:

1. **O primeiro passo** é selecionar de 1 a 3 dos seus melhores produtos ou serviços e elevar o preço em pelo menos 10x. Eu sei, isso parece exagerado. Peço que não acredite apenas no que estou revelando. Veja com seus próprios olhos, experimente. Isso será benéfico por três grandes motivos.

a. **Primeiro:** Mesmo que você não venda nenhum desses produtos no primeiro momento, você cria uma espécie de âncora "referência" para os produtos com preços mais baixos. E agora, aqueles preços que pareciam altos antes, quando comparados com seus novos preços parecerão muito mais atraentes. Veja o exemplo das lojas nos aeroportos, eles colocam seus itens mais caros logo na entrada. Uma vez que ela consiga que o cliente esteja com aquele preço ancorado... todos os outros produtos parecerão uma pechincha. Mas atenção, isso não é marketing barato, precisa ser genuíno.

b. **Segundo:** Você começa a atrair um novo perfil de público para o seu negócio, um perfil que está menos preocupado com o dinheiro e mais preocupado com o que eles realmente receberão em troca.
É aqui que entra a real entrega de valor, lembre-se que você não quer vender apenas uma vez... entregue mais do que o prometido e experimente esse novo mundo.

c. **Terceiro:** Sua margem de lucro será 10x ou mais superior. O que mais do que justifica o tratamento especial que você precisará oferecer... uma vez que você realmente compreenda e incorpore isso, você experimentará um novo negócio.

2. **Segundo passo,** determine exatamente o que você vai oferecer e como. Como será a entrega, a mensuração dos resultados... em outras palavras, acerte todos os detalhes.

3. **Terceiro passo,** desenhe a sua estratégia de entrega e crie um portfólio no modelo "Escala de Valor".

O objetivo principal de fazer isso é criar uma nova referência de valor na mente do seu cliente e potenciais clientes. Al Ries chama isso de "assaltar a mente".

Dito de outra forma, você usa o que já está na mente do seu cliente para criar uma nova categoria em que você é o primeiro e, em alguns casos, a depender da forma como você consegue se posicionar, você será o único por muito tempo. Aprofundo esse assunto no meu livro Oferta Irresistível.

Qual o melhor momento para fazer isso?

Não há um momento exato para usar essa estratégia, o interessante é que você consiga ir incorporando isso ao seu marketing de forma gradativa e natural.

Alguns negócios podem ter uma aplicação imediata, no entanto, certos modelos de negócio necessitam de uma avaliação mais detalhada e um planejamento prévio.

É preciso analisar caso a caso:

A maioria dos negócios necessita de uma análise completa de mercado para encontrar os produtos que realmente se encaixam nesse perfil de estratégia e, principalmente, descobrir o que os clientes estão pedindo para comprar.

Comece a pensar em como você pode incorporar isso ao seu negócio ou produto específico. O mais importante é que você coloque em prática, teste, teste e teste.

Aqui está um bom exemplo prático:

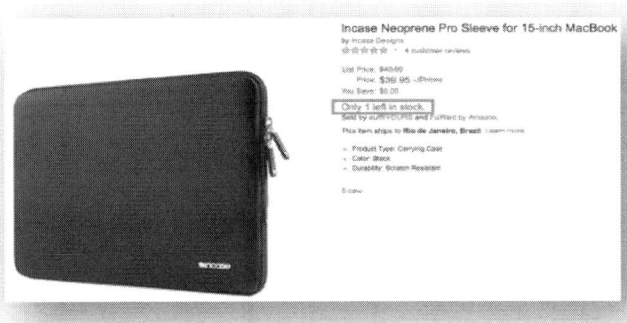

"Apenas um restante em estoque…" A mente do consumidor automaticamente entra no estado "não posso perder".

O gatilho da escassez é utilizado a todo momento por sites de vendas, como a gigante Amazon, sites de viagem, hospedagem etc. Ao invés de tratar o baixo estoque de produtos como algo negativo, as empresas perceberam que informar pequenas quantidades restantes de um produto aumentam significativamente as vendas.

Veja este outro exemplo:

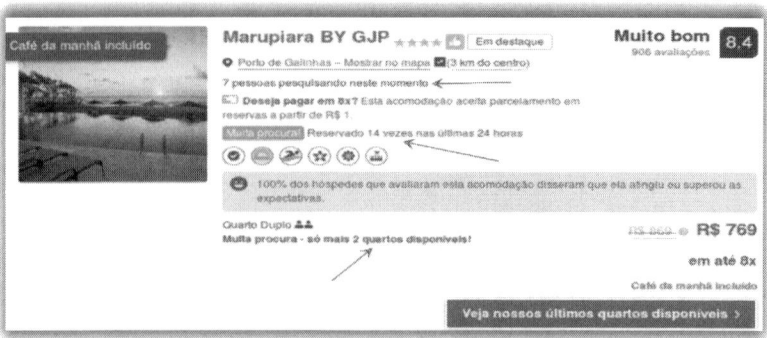

Observe as setas em vermelho.

O que acontece quando você junta as seguintes informações?

1. Apenas 2 quartos disponíveis
2. Reservado 14 vezes nas últimas 24 horas
3. 7 Pessoas pesquisando
4. 100% das avaliações positivas

Acontece uma explosão mental. Não é a toa que esse anúncio tenha gerado tanto resultado.

Imagina que você estivesse com a viagem marcada para esse destino e deparasse com essas informações, o que você faria?

Esperaria mais um ou dois dias ou agiria imediatamente?

Pense sobre isso.

Esse é um gatilho muito poderoso quando utilizado com integridade.

URGÊNCIA

É agora ou nunca!

O gatilho mental da Urgência é muito parecido com o da Escassez, mas está ligado ao fator tempo, pois os produtos ou serviços têm um prazo limite para serem adquiridos.

Esse gatilho funcionará bem de forma individual, no entanto, quando usado junto com o gatilho mental de escassez criar uma verdadeira explosão mental.

É um gatilho muito efetivo porque invoca um sentimento de perda, uma das piores sensações para o ser humano é o sentimento de perder algo, a **impossibilidade de escolher**. Depois que o prazo acabar, a única escolha da pessoa será ficar sem aquele produto ou serviço.

Quando você consegue eliminar o risco do cliente adicionando uma garantia forte, as pessoas tendem a agir com muito mais facilidade.

Uma vez que você disse *"olha, é só até tal data, se não aproveitar você pode não ter mais uma oportunidade como essa"* ... se atrelado a isso você adiciona a informação de garantia de reembolso ou um prazo de teste sem riscos, faz com que o desejo de experimentar seja maior que a probabilidade de perder.

Reflita sobre isso.

Um estudo recente realizado por psicólogos e pesquisadores sobre comportamento humano envolvendo pessoas comuns, financistas, trades e jogadores, revelou que quando se trata da relação "Ganho x Perda", as pessoas estão dispostas a correr riscos até 10 vezes maiores para não perder, em comparação com a possibilidade de ganhar.

Vou explicar...

Em um dos testes, eles observaram as pessoas investindo seu dinheiro e perceberam que quando a maioria delas começavam a perder, em vez de sair no ponto previamente estabelecido, elas continuavam na operação na esperança de recuperar a perda. Mesmo sabendo que o prejuízo poderia ser muito maior.

Na maioria dos casos, muitos viram seu capital reduzir em até 90% para se convencer de que a coisa certa a fazer era realmente sair da operação.

Eles também notaram outro fator muito interessante. Depois que as perdas passavam de um certo nível, até mesmo o investidor mais racional e experiente começava a agir pura e exclusivamente por impulso... era como se a razão e a lógica tivessem saltado pela janela.

Ao invés de analisar os riscos e sair das operações, essas pessoas que antes pareciam sensatas e lógicas, passavam a tomar decisões completamente irracionais... se tornaram torcedores. Agora em vez de operadores, eles estavam ignorando os fatos e agindo pura e simplesmente pela emoção.

Se, jogadores profissionais, investidores experientes, e muitos outros profissionais são capazes de jogar a razão pela janela e agir pura e exclusivamente impulsionados pela emoção. Quando impulsionados pelo medo da perda, imagina o que isso pode fazer pelo seu negócio.

Eu preciso que você preste muita atenção nestas palavras.

Vou correr o risco de parecer repetitivo, mas não posso continuar sem ter certeza que você entendeu a importância dessa informação.

Porque esse é um sentimento muito, mas muito poderoso. Psicólogos comportamentais afirmaram: *"as pessoas odeiam a perda mais do que gostam de ganhar"*.

Essa afirmação parece contraintuitiva à primeira vista, mas em todos os testes, a dor da perda supera a possibilidade de ganho.

Odiamos nos sentir impotentes, esse é um dos motivos pelos quais agimos o mais rápido possível.

Afinal, adquirir um produto e se arrepender é menos pior que viver com a dúvida sobre a diferença que aquilo poderia ter feito em nossas vidas.

Aqui está um bom exemplo prático:

O site de ofertas coletivas Groupon disponibiliza uma oferta aos visitantes com tempo definido. O relógio (seta vermelha) está correndo e o cliente só pode aproveitar a oferta até um determinado e preciso horário.

Ver a mudança dos números no horário, principalmente nos últimos minutos, faz com que a sensação de perder uma oportunidade seja iminente, causando ansiedade ao visitante.

Eu fiz questão de marcar com a seta azul todos os outros gatilhos inseridos na mesma página. Note que dificilmente você verá um gatilho separado, pelo simples fato de que eles trabalham sempre melhor em conjunto.

Baseando-se no **gatilho de urgência**, sites de ofertas coletivas e leilões ganharam uma grande força na internet. Perceba também na imagem acima como eles utilizam outros gatilhos mentais logo abaixo do contador: "8842 comprados" e muitos outros. Você sabe qual é? Falaremos dele adiante nesse livro.

Como usar o gatilho mental da Urgência no seu negócio?

A procrastinação é um dos maiores vilões para qualquer tipo de negócio. Os clientes adiam a decisão de compra e acabam desistindo dela.

Mas ao usar esse gatilho, você ativará um comportamento impulsivo no seu cliente.

Isto porque quando algo demanda urgência, não pensamos muito, apenas agimos no ato inconsciente de nos resguardarmos de um **perigo iminente** (no caso, o fato de nunca mais conseguir adquirir determinado produto).

Para ativar esse gatilho, você pode usar palavras e expressões que demandem uma resposta comportamental instantânea, como: **"Só até hoje"**, **"Sua última chance"**, **"Hoje é o último dia"**, **"Imediato"** e **"Agora"**.

Assim como na Escassez, use apenas quando o que você tem a oferecer realmente for urgente e finito. E o mais importante: **sempre explique o porquê** de ter um prazo limitado (como você verá esse é um outro gatilho muito poderoso quando usado corretamente).

Quanto mais o motivo for verdadeiro e incontestável, mais esse gatilho mental será eficiente. De preferência, use-o associado a outros gatilhos, como o da reciprocidade e o da prova social.

PROVA

Não diga o que você pode fazer. Mostre! – Napoleon Hill

S e usado corretamente, esse é um dos gatilhos mais poderosos de todos.

E o motivo é simples, além de permitir o empilhamento de vários outros gatilhos, esse é o atalho que prova às pessoas que o que você está falando é verdade.

Isso significa que você pode deixar o seu marketing muito mais poderoso simplesmente adicionando provas.

Quando lancei o meu primeiro livro sobre conteúdos lucrativos, tive dificuldades para fazer as primeiras vendas, apesar de já ter aplicado e testado o método exaustivamente para mim e para meus clientes, as pessoas ainda não conheciam o livro.

E eu não podia divulgar o nome dos meus clientes por conta do contrato de confidencialidade.

Então, fiz algo simples, mas muito poderoso.

Tirei todo o risco do cliente, em vez de ficar tentando convencer às pessoas de que o método funcionava simplesmente dei o prazo de 1 ano para eles testarem sem risco e com garantia incondicional.

O resultado foi tão surpreendente que a oferta continua no ar. Você pode conferir como fiz aqui:

Link >> [https://maiconrocha.com.br/checklist-para-a-criacao-de-conteudos-lucrativos-oferta-1ano-de-garantia/]

Eu não precisava mais convencer de que funcionava, só precisava convencê-los a usar colocar o meu método à prova.

No meu segundo livro chamado Manual de Copywriting já não foi mais necessário essa garantia. Ainda assim continuo dando uma garantia incondicional sem risco de 60 dias.

Olha que momento interessante esse. Além de mostrar como usar, estou provando o que digo e te mostrando exatamente como aplico isso em minhas próprias ofertas... percebe o poder desse gatilho?

Antes de continuar eu preciso fazer um alerta.

Quando falamos no gatilho mental da prova não estamos falando apenas dos seus resultados, há muitas maneiras de provar e pode variar de acordo com a sua promessa.

Uma outra forma muito poderosa de ativar esse gatilho de forma íntegra é contando histórias ou mini histórias, como acabei de fazer com você ao falar dos meus livros.

Essas histórias podem ser suas, de algum cliente, ou até mesmo histórias de terceiros que usaram o mesmo método e tiveram algum resultado.

É importante que você domine isso, porque esse gatilho quando bem usado é capaz de mudar o jogo de qualquer negócio.

Se você está sem vender o quanto gostaria, experimente distribuir algumas amostras a um preço mais baixo, experimente escolher alguns clientes e presentear com o seu produto ou serviço, experimente a primeira consulta gratuita.

Você verá que a melhor prova de todas é mostrar que funciona, não apenas para você e para outras pessoas, mas para aquele cliente específico.

O grande ponto aqui é... encontre as provas que você precisa ou providencie essas provas, só não se esqueça de manter a integridade. Lembre-se que a melhor estratégia de todas é a verdade.

O que acontece no mercado hoje é que as pessoas subutilizam esse gatilho. Elas estão tentando provar sempre da mesma forma, usando depoimentos sejam em vídeos ou em texto.

Isso funciona?

Claro que funciona, mas não é nada perto do que é possível se você combinar esse gatilho a outros.

Gigantes como a Amazon, o Mercado livre e outros Marketplaces, como você já viu em nossos exemplos, usam isso com maestria.

Se você voltar no gatilho da prova social e analisar a imagem coletada da Amazon, perceberá a quantidade avassaladora de provas que eles utilizam.

Como aplicar isso no seu negócio:

1. O primeiro passo é começar a reunir todas as formas de prova que você tem disponível. Caso ainda não tenha ou sejam insuficientes, encontre formas de obtê-las.
2. O segundo passo é começar a inserir essas provas em sua comunicação, seu site, redes sociais, página de vendas etc.
3. O terceiro passo é catalogar quais gatilhos você consegue usar junto com o gatilho da prova, isso irá aumentar sua credibilidade e consequentemente suas vendas.

Lembre-se, o objetivo principal é provar que o que você está falando é verdade, é mostrar que além de gerar resultados para você, você consegue gerar resultados para outras pessoas.

O melhor momento para usar esse gatilho é no primeiro encontro ou no encontro de fechamento de alguma negociação.

Porque, além de provar e aumentar o seu valor percebido você ativa muitos outros gatilhos ao mesmo tempo.

PILAR II
PATHOS

**Os Segredos Por Trás da Comunicação
Fisiologicamente Impossível de Ser Ignorada**

CURIOSIDADE

As pessoas farão qualquer coisa para encontrar sentido
Gary Halbert

Esse talvez seja o estímulo mais poderoso de todos.

Depois de ter acesso aos detalhes do que você verá em um minuto, você será capaz de manter o leitor vidrado na sua mensagem pelo tempo que desejar.

Mas, antes disso, você precisa saber que existe um "segredo sorrateiro" que faz as pessoas apertarem o botão de compra quase imediatamente.

Quando Gary Halbert descobriu esse segredo, o banco no qual ele mantinha suas contas teve que abrir uma filial para tratar exclusivamente dos seus pedidos.

Antes disso é preciso entender que esse segredo é dividido em duas partes:

1. A primeira parte envolve controle mental e, muito provavelmente, você já usou mais de uma vez em sua vida (como verá em instantes).
2. A segunda parte envolve o que é chamado de "controle mental reverso", você, provavelmente, já passou por isso um pouco antes de pegar no sono.

Espere um pouco, antes de ter acesso a algo tão poderoso você precisa me prometer que só vai usar isso para o bem (algo tão poderoso e "sorrateiro" não pode cair em mãos erradas).

Veja o que aconteceu com pessoas que tiveram acesso a essa informação:

Os donos da Netflix usaram essa informação de forma muito assertiva, e o que aconteceu?

Eles, literalmente, eliminaram a Blockbuster e ganharam milhões de clientes e fãs, e se tornou a Netflix que você conhece hoje.

A Coca Cola usou isso para se tornar o refrigerante mais consumido no mundo e eliminar praticamente todos os seus concorrentes.

Stephen King usou essa mesma informação como escritor para lançar mais bestsellers do que qualquer outra pessoa viva no seu mercado.

Esse mesmo segredo tem sido usado pela indústria de Hollywood para bater recordes de bilheteria vez após vez.

Está pronto para saber que segredo é esse?

Espera. Só mais uma coisa…

Descobriu o que é?

Eu quase posso sentir a sua tensão muscular daqui, o seu cérebro gritando aí dentro "vamos… diz logo o que é isso" você tentando ler mais rápido e até pulando algumas frases para saber logo o que é esse segredo.

Aqui está...

Você irá escutar vários nomes **"loop"**, **"curiosidade"**, **"janela de desejo"**. Mas a verdade é que isso não passa do nosso cérebro tentando dar sentido às coisas.

O nosso cérebro grita por sentido, por um fim e fará quase qualquer coisa para não deixar algo por concluir.

Imagine que você está no trabalho e o seu chefe, olha para você com um ar de irritado e diz:

Preciso conversar com você na minha sala sem falta!

Mesmo que ele não diga mais nada, seu cérebro começa a criar cenários tentando encontrar alguma coisa que você tenha feito errado, mesmo que não seja nada grave, a tensão aumenta, a ansiedade toma conta… até que você tenha resolvido essa questão, o seu cérebro não vai parar de criar hipóteses e cenários, é quase insuportável a sensação de loop aberto.

Imagine poder usar isso com seus clientes.

Apesar de não ser uma informação nova, a primeira pessoa que começou a usar isso de forma metódica e sistemática em cartas de vendas foi um Copywriter chamado Gary Halbert.

Para que você tenha noção da magnitude de tudo isso, ele ficou tão proficiente nisso que uma de suas cartas de vendas foi enviada mais de 1 bilhão de vezes, aproximadamente 7 vezes para as mesmas famílias nos EUA.

No livro "Shortcut Copywriting Secrets Course", Scott L. Heines, que trabalhou com Halbert, revela que chegou um momento em que as cartas de Halbert começaram a gerar tantos pedidos, que o banco no qual ele tinha conta teve que abrir uma filial da agência apenas para processar o pagamento dos seus pedidos.

Nas palavras de Gary Halbert, a **"curiosidade"** é o elemento mais poderoso de todos, graças a nossa tendência desesperada de fechar os pontos, de dar sentido às coisas, tentar o tempo todo encontrar meio e fim para tudo. Pense sobre isso.

Aqui estão alguns bons exemplos retirados de promoções multimilionárias:

Vamos começar com essa abertura de uma carta de vendas criada por Scott L. Heines, que é mestre nisso. Note como em poucas linhas consegue criar um baita desejo...

Querido amigo,

Se você está interessado em ganhar muito dinheiro com mala direta ... e ... se tornar um redator de primeira linha, esta mensagem mostrará como.

Deixe-me explicar:

Em 19, 20 e 21 de abril de 1996, Gary Halbert realizou um seminário incrível sobre como escrever uma carta de vendas que o tornará rico. E naquele seminário, ele não apenas revelou os segredos para escrever cartas de vendas de classe mundial ... mas também ... os segredos para enviar cartas de vendas de classe mundial por mala direta para obter o máximo de resposta e lucros.

Isso te excita?

Veja alguns exemplos de títulos vencedores que exploram bem esse atalho:

Os Espantosos Segredos Sexuais Dos Mais Satisfeitos ... Mais Experientes ... e Mais Respeitados do Mundo!

Esse foi um título criado pelo Mestre John Carlton e faturou milhões de dólares.

John diz: *"A maioria das pessoas não consegue fazer coisas interessantes, ou vai a lugares interessantes, ou conhece pessoas interessantes."* Que verdade! Portanto, o seu trabalho, começando com o título - é ser empolgante / interessante para eles.

Veja este:

Incrível Segredo Descoberto Pelo Jogador de Golfe de Uma Perna Adiciona 50 Jardas Às Suas Jogadas, Elimina Erros Fatais ... e Pode Cortar Até 10 Tacadas de Seu Jogo Quase Durante A Noite!

Primeiro, esse anúncio foi veiculado com sucesso por cerca de 10 anos. Foi um grande vencedor. Então, vamos decompô-lo.

Vejamos, tem valor de notícia ... "Incrível segredo descoberto". Tem interesse próprio /curiosidade/ grandes promessas ... "Adiciona 50 jardas às suas unidades, elimina ganchos fatais ... e pode cortar até 10 tacadas em seu jogo". E tem uma maneira rápida e presumivelmente fácil ... "Quase durante a noite!" Você conseguiria não ler esse anúncio se fosse um jogador de golfe?

Você Comete Esses Erros em Inglês?

Escrito por Max Sackheim. Este é um dos anúncios de espaço de maior sucesso de todos os tempos. Ele foi publicado em várias publicações por 40 anos.

Em todo esse tempo, ninguém conseguiu escrever um anúncio que gerasse mais vendas. Funcionou, porque o título prometia informações sólidas no corpo do texto, interesse próprio ... e ... muita curiosidade.

Comece a pensar, como você pode inserir curiosidade em suas comunicações?

Se puder adicionar interesse próprio, sua mensagem será muito mais poderosa.

Se você tiver dificuldades para encontrar bons exemplos, vá até a página 95 do Manual de Copywriting. Lá você encontrará 117 exemplos de títulos testados, validados e bem sucedidos que você pode usar.

E para deixar sua mensagem muito, mas, muito mais poderosa aqui estão alguns exemplos de marcadores (balas assassinas) explorando a curiosidade:

> • *Como usar a velha técnica de "empilhamento" para aumentar o valor percebido ... e, portanto,... Fazer com que seus clientes paguem 800% a mais do que qualquer outra pessoa poderia fazer com que eles gastassem!*

> • *256 Técnicas de mala direta testadas, comprovadas e bem-sucedidas ... Segredos contados pela primeira vez por um dos melhores profissionais de mala direta da América. Use suas técnicas comprovadas que produziram até $10.000.000,00 em negócios - tudo por correio.*

> • *O movimento mais importante que você pode fazer em qualquer ataque --- é o que seu corpo quer fazer, mas o que a maioria das pessoas entra em pânico e se recusa a fazer! (No entanto, isso salvará sua vida!)*

> • *Como e por que a cópia de vendas NUNCA é "tamanho único" quando se trata de seu público. (Aprenda isso e você sempre exibirá a mensagem de vendas perfeita no momento certo, para que as pessoas praticamente implorem para comprar de você!) - pág. 52*

> • *Meu "atalho de conversa" que torna simples, fácil e rápido encontrar o ângulo certo para sua cópia de vendas! (Mesmo que um milhão de pessoas possam ler sua mensagem, parece que você está falando especificamente com cada uma delas individualmente.) - pág. 57*

Acredito que você pegou o ponto... junte curiosidade e interesse próprio e você venderá qualquer coisa.

Seu exercício:

Vá até a pág. 368 do Manual de Copywriting, modele cada um dos 97 modelos de balas assassinas capazes ativar o desejo, criar curiosidade e secretamente forçar as pessoas a comprar de você!

Isso adicionará 97 novas maneiras de vender comprovadas para a sua comunicação.

IMAGINAÇÃO

A imaginação é a janela da alma para um mundo de novas possibilidades - Maicon Rocha

O que torna a imaginação um atalho tão poderoso?

Comecemos pelo fato de que o cérebro não sabe a diferença entre uma memória, uma imagem ou um fato real.

Vou repetir...

Pesquisas no campo da neurociência, neurologia e programação neurolinguística PNL descobriram que o cérebro não consegue distinguir entre o que é imaginário e o que é real.

Em outras palavras, depois que uma memória foi criada, o nosso cérebro não consegue mais diferenciar o que foi criado e o que é apenas recordado.

Nós poderíamos passar horas e até dias conversando sobre as descobertas no campo da visualização para melhorar a vida das pessoas. Mas vou me limitar a usar esse estímulo para ajudar você a gerar mais vendas e consequentemente mais lucro.

Em 1960, o Dr. Maxuel Maltz escreveu um livro brilhante chamado "Psycho-Cybernetics". Neste livro, o Dr. Maxwell Maltz fala sobre o impacto que a autoimagem e o poder da visualização têm na vida das pessoas.

O livro foi fruto de um estudo conduzido pelo Dr. Maxwell Maltz ao longo de sua carreira como um dos maiores cirurgiões plásticos de sua época. Em resumo, ele fala do poder que a autoimagem exerce sobre os seres humanos, e como isso afeta suas vidas.

Ele compartilha histórias reais de alguns pacientes que realizavam cirurgias plásticas, mas que por conta da sua autoimagem não conseguiam notar as mudanças, mesmo depois de terem passado por cirurgias drásticas de mudança facial.

Por outro lado, outras pessoas passavam por cirurgias quase imperceptíveis e praticamente se transformavam em uma outra pessoa, mais confiantes, determinadas etc.

Ao observar a frequência com que isso acontecia, ele começou a estudar e tentar entender o que realmente precisava mudar nas pessoas, além das características físicas.

Dito de outra forma, ele queria saber se era possível gerar os mesmos resultados sem ter que passar pelo procedimento cirúrgico.

Resumindo...

Ele descobriu que a autoimagem que as pessoas tinham de si mesmas era o que realmente moldava suas vidas.

Não importava quantas vezes uma pessoa era submetida a mudanças físicas.

Se sua autoimagem não mudasse, nada realmente acontecia.

Descobriu-se posteriormente que a melhor forma de mudar essa autoimagem era através do exercício da visualização.

No brilhante livro "Poder sem limites", Anthony Robbins relata uma ocasião em que ele e John Grinder foram convidados para ministrar um treinamento para o exército americano usando Programação Neuro Linguística - PNL.

A missão deles era ajudar a melhorar o resultado de um treinamento de 4 dias realizado pelo exército dos EUA para soldados iniciantes.

Além de melhorar aspectos técnicos do treinamento, eles precisavam melhorar a taxa de aprovação em testes de tiro ao alvo, que, naquele momento estavam abaixo de 70%.

Como forma de mensurar os resultados, eles separaram as pessoas em dois grupos.

O primeiro grupo receberia o treinamento tradicional, e o segundo grupo seria treinado usando apenas técnicas de PNL, sem armas.

Depois de fazer isso, eles selecionaram alguns dos melhores atiradores para realizar um processo chamado, em PNL, de "modelagem".

Em resumo, eles acreditavam ser possível replicar o desempenho dos melhores soldados usando apenas o exercício da visualização e outras técnicas de PNL.

Enquanto os soldados do treinamento tradicional aprendiam regras, manuseio e tiro ao alvo, de acordo com o procedimento.

O grupo experimental faria apenas o processo de modelagem, "visualizar, sentir, e pensar" **sem armas ou regras tradicionais de tiro.**

Resultado... passados os 4 dias, chegou a hora do teste.

O grupo experimental aprovou acima de 80% contra pouco mais de 70% do grupo tradicional. Eles acertaram mais tiros no alvo do que qualquer outra turma.

Nas palavras de um dos Generais, *"esse foi o maior avanço no tiro de pistola no exército dos EUA desde a segunda guerra mundial."*

No livro Pense e Enriqueça, há um capítulo inteiro dedicado à imaginação. Neste fascinante livro, Napoleon Hill descreve as principais causas de sucesso e fracasso.

Fruto do estudo e pesquisa da vida pessoal de mais de 25 mil pessoas ao longo de mais de 20 anos de sua vida. Dentre essas pessoas, mais de 500 delas eram alguns dos homens mais ricos dos Estados Unidos na época.

Dentre os 13 princípios de sucesso relatados por Hill, a imaginação, segundo ele, foi a principal causa de sucesso da maioria daqueles homens. Homens como Henry Ford, Thomas A. Edson, Edwin C. Barnes, Luther Burbank e muitos outros.

Se a imaginação foi capaz de gerar tantos resultados ao longo da história, imagina o que ela pode fazer pelo seu negócio.

Eu quero que preste muita atenção nas próximas palavras.

Eu vou apresentar um conceito novo e muito poderoso, mas você precisa estar 100% presente.

Apesar de não poder aprofundar como fiz no livro de copywriting, você precisa pelo menos conhecer.

Um estudo conduzido por alguns neurocientistas e psicólogos junto com a Aalto University descobriram que há algumas palavras que são capazes de ativar determinadas regiões do corpo.

São as chamadas "Palavras Gatilho", conforme você viu no capítulo sobre o cérebro e processo de tomada de decisão.

Esse estudo, como você já sabe, revolucionou a forma de tratamento de determinadas doenças e criou um marco no mundo das vendas.

Estudos paralelos descobriram algo muito mais avançado (como disse, esse é um assunto muito avançado para um único livro, não vou poder trazer todos os detalhes) continuando...

Descobriu-se que o cérebro não consegue ignorar determinados comandos, independente do que a pessoa que recebeu o comando faça.

Esses comandos são usados para ativar memórias, despertar determinadas emoções e até fazer as pessoas divagarem.

Confesso que estou desconfortável em continuar com esse assunto, mas vamos em frente...

Deixe-me exemplificar.

Qual foi o momento mais marcante da sua vida?

Veja que, por mais que você tente recusar, o seu cérebro já começou a fazer a busca enquanto você ouve a minha voz na sua cabeça... você pode até não expressar mas ele vai buscar a informação.

Vou avançar um pouco mais... mas, por favor, cuidado com essa informação.

Qual foi a situação mais desafiadora em sua vida que você consegue se lembrar?

Qual o momento mais embaraçoso que você se lembra de ter passado?

Você já passou por algum trauma antes? Como foi?

É melhor parar aqui, você pegou o ponto?

Se você quiser entender mais sobre esse estudo, acesse o trabalho do Professor e Neurocientista Antônio Damásio. O livro "O Erro de Descartes" é um bom lugar para começar.

Permita-me abrir um pequeno parêntese aqui e compartilhar contigo como eu descobri essa informação.

No início desse ano eu participei de um treinamento avançado de copy, para ser mais específico, esse treinamento só tratava do cérebro reptiliano... para você ter noção do nível de detalhes.

Depois de analisar dezenas e dezenas de cartas de vendas... me deparei com essa informação:

Confesso que fiquei intrigado com essa informação. Comecei a me perguntar...

Como é que alguém consegue eleger 6 presidentes em países diferentes?

O que ele tem de especial? ou melhor, que estratégia ele usa?

Quais referências, o que ele faz?

Como ele faz?

A minha mente começou a ferver com essa informação.

Logo abaixo, ainda na mesma reportagem, minha mente explodiu. Veja:

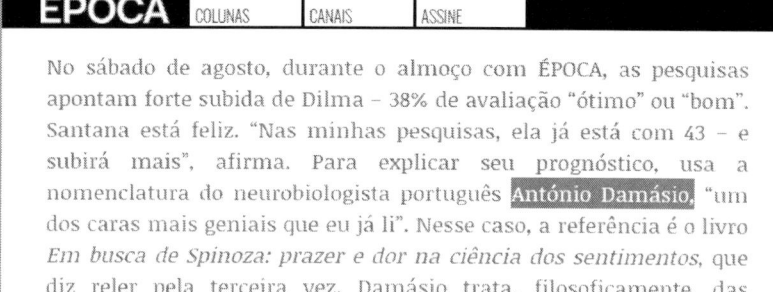

Ele cita que usou como base um tal de Antônio Damásio. Desde então o estudo e resultados em copy nunca mais foram os mesmos.

Pense sobre isso.

Agora, de volta ao nosso raciocínio...

Imagina poder usar tudo isso junto. Você será capaz de, literalmente, causar uma explosão mental.

Não sei se você sabe ou se já parou para observar, confesso que só notei isso depois de estudar PNL a fundo.

Tudo que fazemos é processado através de imagens.

Vou repetir...

Toda a nossa linguagem é processada através de imagens.

Enquanto eu falo, observe atentamente... Tudo que chega até nós é processado em imagens, seja o que ouvimos, cheiramos, sentimos ou tocamos é armazenado em imagens.

Pense no cheiro do café (provavelmente você se visualizou com uma xícara na mão cheirando o café) para só depois lembrar do cheiro.

Lembre-se da última conversa que teve com alguém (aparece a sua imagem com a pessoa), certo?.

Lembre-se do sabor da comida da sua mãe (primeiro você vê a imagem da comida para depois lembrar do sabor).

Eu sei que acabamos indo para uma parte muito avançada, vamos voltar, deixe dar alguns exemplos práticos para você usar.

Quando se pensa no gatilho mental da imaginação há duas coisas muito importantes.

1. Primeiro, procure criar imagens vívidas na mente dos seus clientes, faça com que eles se sintam dentro da experiência.

2. Faça com que eles se vejam usando o seu produto/serviço, faça com que eles se visualizem colhendo os resultados.

Uma vez que você consegue fazer isso é muito fácil finalizar a venda, porque eles acabaram de usar o seu produto. Lembre-se, o cérebro não consegue diferenciar entre o que é real e o que é imaginário.

Esse é um dos grandes segredos das grandes empresas e de alguns dos mais brilhantes profissionais de marketing.

Ao longo de suas mensagens de venda, eles fazem o cliente se ver em vários momentos e situações em que estão usando o produto.

Em outras palavras, eles só precisarão pagar pelo produto que acabaram de usar... não comprar, representa quase uma perda.

Certo Maicon já entendi tudo, mas como faço isso na prática?

Você vai fazer o seguinte...

Nesse primeiro momento, sempre que você for criar uma comunicação para o seu anúncio, você vai procurar um comercial de carro ou uma propaganda de produtos da Polishop.

Eles são mestres nisso e vendem milhões de dólares usando esse gatilho.

O que você vai fazer é buscar entender os elementos que provocam a imaginação e tentar trazer esses princípios para o seu produto/serviço ou negócio.

Veja que sempre mostram pessoas sorrindo, fazendo exercícios, recebendo os elogios, contentes com o corpo magro. No caso do carro, a pessoa sai conquistando o mundo, mulheres bonitas, elogios dos amigos etc.

Estes são os exemplos de imagens que você pode criar na mente do seu cliente.

Não se engane, se esses comerciais estão na TV é porque eles funcionam, pois esta forma de anúncio ainda é um dos meios de propaganda mais caros.

Você pode começar com uma comunicação como essa, por exemplo:

Se for um produto relacionado a estresse ou ansiedade, você pode começar assim:

"Imagine que você está em uma cadeira de praia, sentado de frente para o mar, com o som suave das ondas a poucos metros de você.

Sinta a brisa suave tocando seu rosto... enquanto você se sente cada vez mais relaxado.

E você está calmo e tranquilo, apreciando a paisagem e o momento enquanto se delicia com a sensação de dever cumprido... porque você já fez o que precisava ser feito."

Se você se sentiu bem e conseguiu imaginar essa cena... percebeu o poder da imaginação.

Aqui está outro exemplo prático, agora para executivos e empresários...

"imagina que agora você está no seu escritório, no último andar de um prédio espelhado... onde você tem uma vista panorâmica de toda a sua cidade.

Você se senta confortavelmente... à sua mesa, em um dos seus monitores você vê o relatório em tempo real da sua empresa crescendo, dia após dia.

Com tudo isso que você conseguiu construir, você abre a janela e sente o vento refrescante tocando seu rosto. Você finalmente está tranquilo porque você conseguiu construir o que você sempre sonhou.

Agora você tem o tempo e dinheiro que precisa para fazer o que ama. Você não é mais um escravo do sistema, e agora sim é o dono da sua vida."

Esse é o tipo de sensação que você deseja que o seu cliente imagine, sinta. Ele sente que é real.

Quando você consegue ativar a imaginação a ponto dele se visualizar tendo os resultados que deseja e sentido a sensação de dever cumprido... Bingo! Bingo! Bingo!

A venda está feita, agora você só precisa ajustar os detalhes.

MEDO

Cuidado! Existe um ladrão perigoso solto por aí! Ele rouba desejos, objetivos de vida e sonhos! O nome dele é medo! Cuide-se. - Roger Stankewski

O medo não é apenas um gatilho, ele é o nosso instinto mais poderoso, e também o mais perigoso de todos.

Não gosto de usar o medo em minhas comunicações, não quero que as pessoas comprem por medo, prefiro atrair pessoas motivadas.

Quando você atrai pessoas pelo medo a tendência é que não sejam clientes tão bons. O perfil das pessoas que agem pelo medo, em sua maioria, são pessoas que já tentaram de tudo e estão com a corda no pescoço, desesperadas por uma solução rápida.

A depender do produto ou serviço, muitos chegam a se endividar e, definitivamente, não é esse o perfil de cliente que quero atrair.

Costumo usar o medo apenas como uma pequena cutucada para acordar as pessoas.

Esse é um gatilho tão perigoso que não vou dar muitos exemplos a esse respeito.

Antes de continuar deixe-me fazer um alerta. Se decidir usar esse gatilho você precisa ficar atento a duas coisas muito importantes.

Primeiro: Mesmo sendo o sentimento mais potente de todos, se você errar a dose, o tiro pode sair pela culatra.

Deixe-me explicar.

Quando você não sabe usar o medo corretamente, corre o risco de deixar as pessoas paralisadas. Em vez de comprar, elas simplesmente começam a se sentir incapazes de agir.

Você, alguma vez, já passou ou conhece alguém que já passou pela situação em que, a empresa ou o vendedor, ativou o gatilho do medo e, em vez de tomar uma decisão imediata, você precisou de alguns dias para pensar sobre o assunto?

Tente recordar.

Segundo: O medo ativa uma série de outros sentimentos relacionados que você não vai querer vinculado ao seu produto/serviço ou à sua imagem.

Aviso dado... aqui estão alguns exemplos trazidos do brilhante livro Ca$hvertising escrito por Drew Eric:

Fato: Não importa quantas vezes você lave seus lençóis, sua cama é um criadouro de insetos, repleta de milhares de ácaros horríveis, semelhantes a caranguejos, pondo ovos agressivamente em seu travesseiro e colchão, fazendo com que você e sua família sofram ataques de alergia durante o ano todo. Enquanto você dorme, eles realmente acordam e começam a engatinhar, comem os flocos de sua pele e bebem a umidade de sua carne. Fica pior. Você sabia que 10% do peso de um travesseiro de dois anos são na verdade ácaros mortos e suas fezes? Isso significa que todas as noites você e sua família estão dormindo no equivalente a um banheiro de inseto, na verdade coberto por uma mistura de corpos vivos e mortos e oceanos de seus excrementos amargos.

A solução: As capas de colchão e fronhas antiácaros Bloxem® ajudam a reduzir os sintomas de alergia associados à infestação de ácaros. Os poros bem trabalhados do tecido especial não permitem que ácaros microscópicos entrem em seu colchão, e procrie. Sua família desfruta de uma noite de descanso mais tranquila. E são tão acessíveis: as capas de colchão antiácaros Bloxem custam apenas US $60 e as fronhas custam menos de US $10 cada. Eles estão disponíveis em dezenas de varejistas da Internet.

Aqui está mais um exemplo:

Fato: Sua casa é uma fossa cheia de centenas de cepas de bactérias malignas esperando para infectar seu filho inocente enquanto ele rasteja pelo chão da cozinha, enfiando blocos de brinquedo de plástico na boca. Não ria. Você sabia que uma única célula de bactéria explode em mais de 8 milhões de células saudáveis em menos de 24 horas? E que micróbios invisíveis de todos os tipos podem causar tudo, desde pé de atleta a diarréia, resfriado comum a gripe, meningite, pneumonia, sinusite, doenças de pele, infecção de garganta, tuberculose, infecções do trato urinário e muito mais.

A solução? Desinfetante em spray Lysol®. Ele mata rapidamente 99,9 por cento dos germes em superfícies comumente tocadas em toda a casa. E custa apenas US $ 5 a lata.

Ao usar o medo como gatilho mental, lembre-se que o objetivo é fazer as pessoas tomarem uma ação. Não, paralisar as pessoas.

Busque sempre solicitar uma ação imediata para evitar que as pessoas divaguem e caiam em lamentações.

Atente-se para o seguinte: Se é possível usar o medo para vender efetivamente um produto ou serviço, significa que inerente a esse produto ou serviço esta é a resolução possível para o que é temido.

Do contrário, não importa quanto medo você tente conjurar, seu recurso falhará miseravelmente.

Faz sentido?

ANTECIPAÇÃO

"A melhor forma de prever o futuro é criá-lo"
Alan Kay

O gatilho mental da antecipação e o gatilho da imaginação estão sempre juntos.

Quando falamos de antecipação estamos falando do que os psicólogos comportamentais chamam de "future pacing" ou ritmo futuro.

Isso significa que você deve fazer com que o seu cliente sinta os mesmos sentimentos e sensações que sentirá quando tiver de posse da solução.

Perceba que não dá para fazer isso sem apelar para a imaginação.

É muito comum empresas lançarem pequenos vídeos de seus produtos com pouquíssimos detalhes, apenas para aumentar a ansiedade e aguçar a imaginação.

Quando você vai ao cinema e assiste a um trailer empolgante que mexe com as suas emoções, você fica ou não ansioso pela estreia daquele filme?

Este é o gatilho da antecipação, sem dúvida um gatilho muito poderoso, pois mexe com as nossas expectativas em relação ao futuro.

Pesquisas indicam que projetar o futuro e o apresenta-lo às pessoas, ativa partes do cérebro ligadas ao sentimento de felicidade.

Provavelmente porque o futuro é incerto e nos sentimos confortáveis com boas perspectivas.

Em relação aos negócios, é importante arquitetar um cenário favorável, preparando o terreno para o que está por vir.

No caso de um produto ou serviço. Ao anunciarmos algo que está por vir, é preciso mostrar suas funcionalidades e como ele pode ajudar as pessoas, tocando nas dores, desejos e sentimentos.

Quando isso é bem feito, mesmo quem não precisa do produto sente-se atraído por ele. A (boa) publicidade mexe com nossa imaginação, e muitas vezes o ato de desejar determinada coisa acaba sendo mais prazeroso que possuí-la.

De qualquer forma, com as expectativas elevadas, estaremos propensos a realizar uma compra quando esta estiver disponível.

Aqui está um exemplo prático:

A Apple é uma empresa mestre em usar o gatilho da antecipação. Não é a toa que todo ano ela organiza um evento exclusivo para anunciar as novidades da empresa.

Além dos eventos que são divulgados para todo o mundo, a empresa possui estratégias para cada produto específico.

Mas todas guardadas em segredo, criando um ar de mistério sobre quais serão os próximas passos dessa empresa.

É comum a Apple lançar vídeos curtos algum tempo antes do lançamento oficial do produto.

Em um desses vídeos chamados "reveal", ela apresentou o Apple Watch em setembro de 2014, mas que só foi lançado em abril de 2015 (em alguns países). A antecipação criada para comprar um relógio desses foi tão grande que, mesmo depois de alguns meses do lançamento, ainda era difícil conseguir aquele Apple Watch.

Embora todos os produtos da Apple sejam lançados usando fortemente o gatilho da antecipação, o vídeo possui elementos clássicos de um trailer:

1. Pouca informação ou informação incompleta sobre o produto
2. Música envolvente
3. Cortes precisos
4. Logo da empresa no final

Como usar o gatilho mental da Antecipação no seu negócio:

Para usar este gatilho em sua estratégia, planeje o lançamento do seu produto e comece a fazer publicidade, soltando informações ou dicas sobre ele, semanas ou meses antes do lançamento.

Temos o costume de usar o termo "seeding" para essa estratégia. Ele significa "semear". É como se você estivesse semeando o terreno para o que está por vir.

Você pode realizar webinars, entrevistas com especialistas na área, escrever um artigo mostrando um pouco da sua história e até mesmo criar um trailer para o seu produto que será lançado. Se for possível, peça a pessoas influentes para comentarem sobre o produto que está por vir.

Se você observar, essa é a estratégia dos lançamentos de produtos, ou seja, criar uma grande expectativa, intensificar o desejo e chacoalhar a demanda reprimida.

Normalmente, o lançamento clássico envolve uma sequência 4 vídeos. 3 vídeos conteúdo e preparação + Vídeo de Vendas. Quando a demanda reprimida é muito grande, é comum usar o compilado dos quatro vídeos em um único vídeo de vendas.

Recapitulando...

1. O gatilho mental da antecipação é um gatilho simples.
2. Para aumentar sua eficácia você pode adicionar curiosidade, escassez e imaginação.
3. Procure pessoas influentes no seu mercado para ajudar a aumentar a expectativa.

E lembre-se: nunca revele todos os detalhes.

RECIPROCIDADE

"O amor é a força mais abstrata e, também, a mais potente que há no mundo" – Gandhi

O gatilho da reciprocidade é um dos mais importantes e é também a base do inbound marketing. Isso porque temos uma tendência natural a querer retribuir àquilo ou àquele que nos gera valor de alguma forma.

Muitas pessoas dizem: "você precisa gerar muito conteúdo gratuito".

Eu concordo em parte, acredito que você precisa gerar valor, o que é diferente de conteúdo 100% gratuito.

Há uma diferença muito sutil aqui.

Veja, antes as pessoas acreditavam que gerar valor era gerar conteúdo gratuito até as pessoas decidirem retribuir.

Mas, o que foi que aconteceu com o mercado?

Muitos profissionais se concentraram em gerar uma tonelada de conteúdo, muitas vezes conteúdo aleatório. Segundo eles, essa era a forma de educar a audiência para no futuuuuuro comprar alguma coisa.

Muitos sequer tinham um produto para vender.

O que aconteceu?

Alguns profissionais mais espertos, perceberam que esse mesmo movimento já tinha acontecido no passado nos EUA, e que os profissionais que conseguiram sobreviver no mercado foram aqueles que, em vez de criar conteúdo 100% gratuitos, criavam conteúdos estruturados.

Por exemplo, 90% puro conteúdo e 10% vendas.

Eles perceberam que esses profissionais todos os dias tinham uma nova fonte de venda a cada novo conteúdo publicado.

Enquanto aqueles que continuavam produzindo conteúdo gratuito não poderiam usar aquele conteúdo para venda, porque não foram previamente estruturados para esse fim.

Eles perceberam, por exemplo, que alguém que se concentrava em gerar um vídeo estruturado por semana no final de um ano tinha 52 novos pontos de conversão para o seu negócio.

No entanto, aqueles que apenas produziam conteúdo gratuito, mesmo os que produziam até 5 vídeos por semana... tinham mais de 300 vídeos que não lhes servia para quase nada, a não ser o tráfego orgânico e visualizações.

Essas pessoas voltaram para o Brasil, encontraram uma audiência já qualificada pelos produtores de conteúdo. Então, começaram a vender para essa audiência já qualificada.

Enquanto algumas pessoas continuavam produzindo conteúdo gratuito, dizendo *"Não, eu preciso gerar valor... não posso vender ainda... preciso gerar mais valor"*.

O empresário estratégico começou a implantar a estratégia de gerar valor 90% do tempo e usar os outros 10% para fazer uma oferta. Desse modo, esse conteúdo continuaria gerando vendas ao longo do tempo. Mesmo que não tivesse tanta audiência no início.

Depois de alguns anos, quem você acha que conseguiu sobreviver ao mercado?

Os produtores de conteúdo que nunca vendem nada, ou aqueles que se concentraram em gerar valor e fazer uma oferta para as pessoas que já estavam prontos para comprar?

Isso mesmo, 90% dos "produtores de conteúdo 100% gratuito" desapareceram do mercado e os outros 10% tiveram que se adaptar.

Portanto, cuidado com essa conversa de que você tem que dar algo 100% gratuito. Concentre-se em criar pontos de conversão.

Concentre-se em gerar mais valor do que as outras pessoas, mas nunca deixe de fazer a sua oferta... explico exatamente como fazer isso no meu livro de Copywriting pág. 225.

Não sei se você notou, acabei de fazer isso com você.

Busque criar um ativo, vários pontos de conversão. Em vez de uma lista de e-mail para distribuição de coisas gratuitas, comece a criar estratégias para atrair clientes.

Pense comigo.

Do jeito que as coisas estão hoje, com tanta informação disponível, você acha que as pessoas ainda têm que passar um ano te acompanhando para comprar algo de você?

Me desculpe, mas as pessoas têm outras coisas para fazer.

Por que não aproveitar as pessoas que já estão prontas para comprar agora?

Por que não se posicionar para pegar quelas que já foram preparadas pelo seu concorrente?

Pense sobre isso.

Eu vou correr o risco de parecer repetitivo, mas é importante que você entenda isso de uma vez por todas.

Se você pegar os meus livros, imãs digitais, artigos, tudo que eu produzo tem uma oferta. Eu acabei de fazer isso com você agora a pouco.

Se você tem algo de qualidade, não tenha medo de oferecer, com a confusão de informação lá fora as pessoas preferem pagar pela informação organizada.

Use a reciprocidade a seu favor, não para preparar clientes para seus concorrentes.

Coloque seus concorrentes para trabalhar para você.

Encontre um posicionamento estrategicamente preparado para pegar a audiência já qualificada deles.

Boa Vontade Em Sua Potência Máxima

"Aquele que disse que dinheiro não traz felicidade, não deu o suficiente." – Autor Desconhecido

Pessoas que ajudam os outros (com expectativa zero) experimentam níveis mais elevados de realização, vivem mais e ganham mais dinheiro.

Eu gostaria de criar a oportunidade de entregar esse valor a você durante sua leitura ou experiência auditiva. Para fazer isso, tenho uma pergunta simples para você ...

Você ajudaria alguém que nunca conheceu, se não custasse dinheiro, mesmo que você nunca recebesse crédito por isso?

Nesse caso, tenho um 'pedido' a fazer em nome de alguém que não conhece. E provavelmente, nunca conhecerá.

Eles são como você, ou como você era há alguns anos: menos experientes, cheios de vontade de ajudar o mundo, em busca de informações, mas sem saber onde procurar ... é aí que você entra.

A única maneira de nós, da Digital Sale Market, cumprirmos nossa missão de ajudar os empreendedores é, primeiro, alcançá-los.

E a maioria das pessoas, de fato, julga um livro pela capa **(e suas resenhas)**. Se você achou este livro valioso até agora, por favor, pare um breve momento agora e deixe uma crítica honesta do livro e de seu conteúdo? Vai custar zero reais e menos de 60 segundos.

Sua revisão vai ajudar….

…. Mais um empresário a sustentar suas famílias.

…. Mais um funcionário a encontrar um trabalho que considera significativo.

... mais um cliente a experimentar uma transformação que, de outra forma, nunca teria encontrado.

…. Mais uma mudança de vida para melhor.

Para que isso aconteça ... tudo o que você precisa fazer é ... e isso leva menos de 60 segundos ... deixar uma revisão.

- Se você estiver lendo no Kindle ou em um e-reader - você pode rolar até o final do livro, deslizar para cima e uma revisão será solicitada automaticamente.

- Se você estiver no audível - aperte os três pontos no canto superior direito do seu dispositivo, clique em taxa e avaliação e, em seguida, deixe algumas frases sobre o livro com uma avaliação com estrelas.

- Se por algum motivo, eles mudaram qualquer uma das funcionalidades - você pode ir para a página do livro na Amazon (ou onde quer que você tenha comprado) e deixar um comentário direto na página.

PS - Se você se sente bem em ajudar um empresário sem rosto, você é o meu tipo de pessoa. Estou muito mais animado para ajudá-lo esmagadoramente nos próximos capítulos (você vai adorar as táticas que estou prestes a revisar).

PPS - Hack de vida: se você apresentar algo valioso a alguém, essa pessoa associa esse valor a você. Se você deseja obter a boa vontade de outro empresário, envie este livro para ele.

Obrigado do fundo do meu coração. Agora, de volta à nossa programação agendada regularmente.

- Seu maior fã, Maicon

HISTÓRIA

"Contar uma história significa levar as mentes no voo da imaginação e trazê-las de volta ao mundo da reflexão"
Paulina Chiziane

O gatilho da História é tão poderoso que merece ser tratado à parte. Estou pensando nisso para as próximas versões deste livro.

Vamos falar sobre histórias e porque elas são tão poderosas.

Por que as histórias são tão poderosas?

No processo de comunicação é como se as histórias fossem um veículo disfarçado que pode ir e vir com qualquer informação sem ser detectado.

As histórias fazem com que a mente crítica baixe suas barreiras, o que permite que a mensagem passe sem ser percebida.

Elas contornam o pensamento típico que temos e que oferece resistência, que é conhecido como pensamento crítico ou mente crítica.

Se usadas corretamente, você consegue inserir qualquer outro gatilho através das histórias, e as pessoas sequer notarão o que você está fazendo.

Halbert disse: *"as pessoas podem contestar uma opinião. Elas podem questionar contra uma afirmação. Eles podem até argumentar com uma reclamação. Mas é muito difícil argumentar contra uma história. Elas podem não acreditar na história. Mas, elas não podem contestar isso"*.

Parece haver algo embutido em nós que anseia por histórias. Está embutido em nossos genes.

Existem teorias que afirmam que as histórias são a forma como a raça humana sobreviveu ao longo dos milênios, ao longo das eras, e fomos capazes de transmitir sabedoria através de nossas histórias.

No maravilhoso livro "Made To Stick", os autores Cheap e Dan Health, revelam que por trás de uma grande ideia há sempre uma ou mais histórias. São as histórias que conectam, que provam e que dão sentido.

A Importância das Histórias

Boas histórias são como telegramas de certa forma. Assim como um telegrama, as histórias condensam muitas informações rapidamente.

Quando você usa uma história em vendas, ela tem um efeito muito poderoso. Transmite informação e convicção. Isso faz com que as pessoas fiquem mais abertas ao que você tem a dizer. As histórias são indiretas, mas muito poderosas e concentradas.

As histórias não são boas apenas para relembrar. Elas também são muito úteis para ajudar as pessoas a conhecê-lo rapidamente.

Nos negócios, isso é importante porque as pessoas gostam de fazer negócios com pessoas com quem se sentem confortáveis. Uma das principais razões pelas quais as pessoas não confiam nas outras é simplesmente porque ainda não as conhecem. Portanto, as histórias são um verdadeiro atalho.

No livro "Breakthrough Copywriting", David Garfinkel aborda de uma forma brilhante **dois tipos principais de histórias voltadas exclusivamente para vendas**. Aqui está um resumo detalhado de como ele aborda isso:

Tipo de história nº 1: "The Herald" (O Arauto)

Você sabe o que é um arauto. Um arauto é uma pessoa cujo trabalho é como um repórter ou pregoeiro. Um arauto é uma pessoa cuja ideia é espalhar notícias. E a história de "The Herald" é uma história que apresenta uma nova ideia a um mercado que não está familiarizado com ela.

Muitas vezes, quando você está vendendo algo, pode ter algo novo. Você tem uma nova ideia. Se você fizer isso, esse tipo de história funcionará infinitamente melhor do que apenas apresentar os fatos.

Muitas pessoas têm problemas quando têm algo novo para introduzir no mercado.

O problema deles é que, passaram tanto tempo com seu produto, que se esqueceram de como é novo. Eles se esqueceram de onde estão suas perspectivas em sua própria consciência mental.

Portanto, é muito importante quando você usa uma história como essa, perceber que, se você tem algo novo de que ninguém nunca ouviu falar, você deve começar com algo com o qual eles estão familiarizados. Este pode não ser o seu produto.

Então, você deve conduzi-los para a descoberta de seu produto com sua história.

Aqui estão as etapas:

1. Essa era a situação.
2. Aqui estava o problema.
3. Aqui estava porque era difícil ou impossível resolver o problema antes.
4. Aqui está o que descobrimos.
5. Aqui está como o que criamos torna mais fácil resolver o problema.
6. Aqui estão os resultados que as pessoas estão tendo com nossa nova solução.

Ponto chave:

Uma história corta a resistência da falta de familiaridade como uma faca quente corta manteiga mole.

E a falta de familiaridade é a maior forma de resistência com a qual você precisa lidar quando está introduzindo um novo conceito, ou um novo produto ou serviço baseado em um novo conceito.

Tipo de história nº 2: "The Dissolver" (O Dissolvedor)

Este modelo é usado para responder a objeções de clientes potenciais e dissolvê-las.

Tenho que dar o crédito a Mark Victor Hansen por essa ideia. Aprendi isso com ele. Uma coisa que ele disse sempre ficou na minha mente.

As histórias respondem muito bem às objeções.

Quando alguém lhe faz uma objeção, quando você está tentando vender algo para alguém, seja impresso, por e-mail, na web ou pessoalmente, as objeções geralmente se resumem a uma ou mais formas de descrença.

Talvez eles não acreditem que você está dizendo a verdade.

Talvez eles acreditem que você está dizendo a verdade, mas não acreditam que possam pagar por isso.

Talvez eles não acreditem que valerá seu dinheiro.

Há algo em que eles não acreditam que, se acreditassem, toda a sua situação de vendas mudaria muito rapidamente. Eles diriam sim.

Todas as objeções se resumem a uma ou mais formas de descrença.

E, se você puder identificar o que é essa descrença, você pode construir uma história que forneça evidências de sua crença em contrário.

Eu realmente insisto em que sejam histórias verdadeiras, porque não quero que você se meta em problemas e não funciona muito bem se não for verdade. Então, você pode transformar essa pessoa de descrente em crente.

O objetivo de "The Dissolver" é responder às objeções dos clientes potenciais e torná-las neutras e inofensivas.

Aqui está a fórmula:

1. Este problema ocorreu.
2. Alguém pensou que nunca conseguiria resolver o problema.
3. Eles usaram seu produto.
4. Eles obtiveram excelentes resultados.

Com histórias, você quer levar seu cliente potencial a um mundo diferente daquele em que ele se encontra e estimular sua imaginação.

O segredo para fazer as histórias funcionarem é torná-las vivas e relevantes para o interesse do leitor.

Use descrições visuais. Use o diálogo, em vez de parafrasear o que alguém disse. Descreva os sentimentos, tanto os positivos quanto os negativos.

E não se esqueça do início, meio e fim.

Algumas pessoas começam na metade de suas histórias, então você não tem ideia do que estão falando. Outras pessoas se desviam e nunca terminam a história.

O falecido Joseph Campbell, autor de "O Herói de Mil Faces", disse que todos temos fome de histórias. Portanto, quando você conta uma história em seu copy, está alimentando uma necessidade constante de seu cliente potencial.

Há outros motivos também:

As pessoas, geralmente, aprendem melhor e mais rapidamente por meio de histórias do que aprendem por meio da apresentação de fatos.

Se você deseja (ou precisa) que seu cliente potencial aprenda sobre os benefícios exclusivos de seu negócio, uma história verossímil é a maneira mais eficiente e eficaz de fazê-lo.

As pessoas se identificam com as pessoas sobre as quais você escreve ou fala em suas histórias. Envolvendo-se mental e emocionalmente com as pessoas da história, as pessoas terão muito mais probabilidade de agir com base no que lerão a seguir na comunicação.

Nas palavras de Garfinkel *"Uma história é o caminho mais direto para a mente inconsciente de outra pessoa. As histórias despertam medos e desejos de maneira muito mais confiável do que declarações de fatos, alegações de benefícios ou frases vazias e ocas - todas as quais você vê com muita frequência em textos que não funcionam muito bem".*

Pense sobre isso.

PORQUÊ

Ao lidar com pessoas lembre-se, que você não está lidando com seres racionais, mas com criaturas emocionais. – Dale Carnegie

Essa afirmação nunca foi tão verdadeira.

Pesquisadores da Harvard Business School descobriram que 95% de nossas decisões são emocionais, apenas 5% são racionais.

Mas há um fato interessante sobre as decisões que vale a pena ressaltar. Mesmo diante das decisões mais emocionais que "poucos profissionais dominam", há uma necessidade quase incontrolável de racionalizar.

Por que isso acontece?

Por mais que nossas decisões sejam tomadas no âmbito do inconsciente, nossa mente sempre procura respostas racionais para justificar nossas ações.

Mesmo em situações em que não há nenhuma justificativa inerente, nosso cérebro busca algum significado.

Talvez, por isso, muitas vezes, quando não encontram uma explicação lógica... as pessoas recorram ao sobrenatural para explicar determinados fatos.

Podemos perceber que esse questionamento faz parte da essência humana. Quando vemos crianças de apenas 3, 4 anos perguntando o motivo de uma série de situações estranhas a elas.

Qual a pergunta que uma criança até os 7 anos de idade mais faz?

Isso mesmo, **"Por que?"**.

Essa é a fase em que nós estamos buscando sentido para as novas descobertas.

Infelizmente, temos essa chama apagada pelas pessoas que já caíram no hábito de fazer as coisas de forma automática e sem sentido.

Em seu livro "Influence", Robert Cialdini analisa um estudo realizado sobre os pedidos de uma pessoa para passar à frente em uma fila de pessoas aguardando para tirar cópias.

Os testes examinaram como diferentes solicitações podem afetar a disposição das pessoas para permitir que o indivíduo fure ou não a fila.

No primeiro teste, o participante disse:

"Desculpa, tenho cinco páginas. Posso usar a máquina de xerox?"

Neste cenário, cerca de **60%** das pessoas permitiram que ele furasse fila e usasse a máquina antes delas.

Na segunda situação, a solicitação foi ligeiramente alterada. Desta vez, o participante disse:

"Tenho cinco páginas. Posso usar a máquina de xerox porque estou com pressa?"

Você percebeu a sutil diferença entre os dois pedidos?

Vamos decompô-lo:

Não foi apenas a solicitação minimamente alterada, mas sim o **"porquê"** (o motivo) que fez a diferença para que ele furasse fila.

"Porque eu estou com pressa" não é uma boa desculpa para a maioria de nós.

Mesmo assim, cerca de 94% das pessoas deixaram que ele furasse a fila desta vez.

Se você acha estranho, vamos à solicitação usada no terceiro e último teste:

"Desculpe-me, tenho cinco páginas. Posso usar a máquina de xerox porque eu tenho que fazer cópias?"

É uma justificativa insuficiente para que as pessoas deixassem o participante furar fila, afinal, todo mundo ali quer tirar cópias.

Apesar disso, 93% das pessoas permitiram que ele passasse na frente, apenas 1% a menos que no caso anterior, porém, 33% a mais que no primeiro teste, no qual não há um porquê "razão".

Cialdini explica que se trata de um princípio bem conhecido do comportamento humano.

Quando pedimos a alguém para nos fazer um favor, a chance de ser bem sucedido se torna muito maior quando oferecemos um motivo.

As pessoas simplesmente gostam de ter razões para o que elas fazem. Mesmo que essas razões sejam infundadas.

Sendo assim, sempre busque justificar o que você está fazendo. Quanto mais verdadeiro e genuíno for seu argumento, maiores serão as chances de seu público confiar em você.

No processo de escrita de livros, aprendi algo intrigante com meu mentor Jim Edwards.

Ele disse o seguinte: *"Antes de começar a escrever, sequer a primeira palavra você deve listar pelo menos 50 motivos pelos quais as pessoas desejam comprar esse livro e pelo menos mais 50 motivos pelos quais as pessoas se beneficiarão com ele".*

Quando perguntei por que fazer isso sem ter o livro escrito ainda?

Ele disse o seguinte:

"Quando você faz isso antes de escrever o livro você sintoniza sua mente com a mente do leitor e começa a pensar em termos do cliente, dando motivos para comprar e justificativas para apoiá-lo na decisão de compra, antes mesmo de ter o produto."

INIMIGO COMUM

Eu não prometo resolver todos os seus problemas, mas prometo que você não vai enfrentá-los sozinho - Desconhecido

"As pessoas farão qualquer coisa por aqueles que encorajem seus sonhos, justifiquem seus fracassos, acalmem seus medos, confirmem suas suspeitas e ajudem a atirar pedras contra seus inimigos." - Blair Warren

Leia novamente.

"As pessoas farão qualquer coisa por aqueles que encorajem seus sonhos, justifiquem seus fracassos, acalmem seus medos, confirmem suas suspeitas e ajudem a atirar pedras contra seus inimigos."

Essa frase é de Blair Warren, um dos mais brilhantes quando o assunto é persuasão.

Em seu maravilhoso livro "The One Sentence Persuasion Course", ele fala sobre os 6 princípios sob os quais qualquer pessoa pode exercer controle sobre as outras.

Ele mostra porque um inimigo comum pode ser um dos fatores mais fortes para conseguir se conectar com seu cliente.

Estudos de sociologia revelam que tendemos a nos unir a pessoas que possuam interesses semelhantes aos nossos.

Sendo assim, esse gatilho é uma arma poderosa para gerar empatia com o seu público, e se for usado através de histórias, torna-se ainda mais assertivo.

Isso porque, quando identificamos um inimigo comum, tanto da empresa quanto do cliente, passamos a estreitar o elo de ligação entre público e marca.

Todos os públicos e empresas possuem um inimigo em comum. Em seu negócio, cabe a você descobrir qual é o maior vilão dos seus consumidores.

A partir daí, será possível estabelecer uma ligação emocional muito forte com o seu cliente, pois ele não enxergará você como vendedor, mas como um aliado.

Eu preciso que você preste muita atenção nas próximas palavras.

Diferente do que a maioria das pessoas que estão começando acreditam, **o inimigo comum não é necessariamente uma pessoa.**

Vou repetir.

O inimigo comum não é necessariamente uma pessoa. Quando você entende isso, o jogo muda.

Pode ser o sistema, uma dieta, um grupo de profissionais, uma forma de pensar.

<u>Qualquer coisa que esteja impedindo o seu cliente de alcançar o resultado que ele deseja</u> pode ser usado como inimigo comum.

Se, de todo o livro, você realmente dominar apenas esse conceito o seu investimento se multiplicará pelo menos 500x ou mais.

Mas isso não é tudo...

Aqui está um exemplo marcante de uma empresa que explorou com maestria um inimigo comum dentro do seu próprio mercado.

A Dove adotou um tom de protesto contra o padrão de beleza imposto pela indústria da moda.

Em um vídeo intitulado "Evolution", a Dove mostrou que temos um inimigo comum: os padrões inatingíveis de beleza expostos pela mídia.

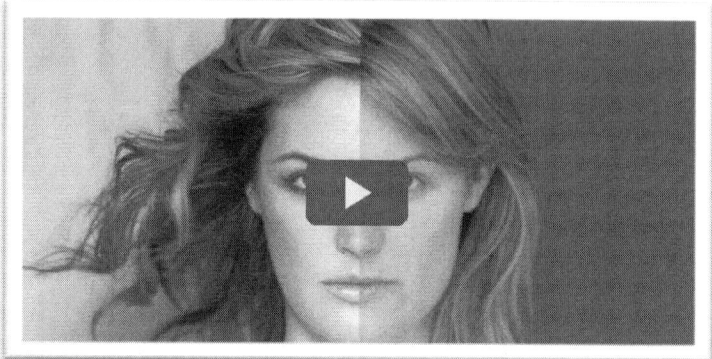

Os 60 segundos da ação mostram como é fácil manipular e distorcer nossa percepção de beleza.

É um vídeo que vale a pena assistir, leva pouco mais que um minuto. Basta digitar "Dove Evolution" no seu navegador e apertar play.

A modelo sai de seu estado natural a um protótipo totalmente moldado. Para isso, foram utilizadas uma iluminação engenhosa, maquiagem profissional e manipulação digital, transformando-a em uma nova mulher: aquela que querem vender como ideal.

Assistir a esse vídeo, é nunca mais enxergar as propagandas da mesma forma. Especialmente de produtos de beleza. Ao nos apresentar ao nosso verdadeiro inimigo, a Dove mostra às pessoas que é preciso ter uma visão mais crítica diante da mídia.

E, sobretudo, que aquela pessoa que olhamos todos os dias no espelho é uma aliada e não devemos compará-la a ninguém.

É preciso se encontrar em si mesmo todos os dias, por mais difícil que isso seja.

A empresa confirmou seu posicionamento em outras campanhas do mesmo gênero, cravando um posicionamento de:

"Eu estou do seu lado, eu valorizo você como você realmente é, juntas nós vamos acabar com essa ideia de que você precisa ser perfeita e seguir o padrão que a indústria da moda deseja impor para ser feliz".

Como essa abaixo, por exemplo:

Em "Retratos da Real Beleza", Dove mostra como as mulheres são as maiores críticas em relação à própria aparência. E mais que isso: apenas 4% da população feminina mundial se considera bonita. Dado preocupante, já que ter uma autoestima alta é o que garante equilíbrio emocional para, praticamente, todas as outras áreas da vida.

Quando Hitler fez com que os Alemães exterminassem mais de 10 milhões de Judeus, esse *"nós contra eles"* foi o principal sentimento instalado no povo alemão.

Em praticamente todos os discursos e pronunciamentos, nas escolas, nas igrejas, era comum escutar a seguinte expressão "ou a gente elimina os Judeus ou eles vão nos escravizar".

Pense sobre isso.

Se esse gatilho fez com que pessoas inteligentes, educadas e saudáveis fossem levadas a atos como esses, imagina o que pode fazer pelo seu produto/serviço se usado corretamente.

Como Usar no seu Negócio:

Para usar este gatilho em seu negócio de maneira eficaz, após descobrir o **"inimigo número #1"** do seu público, você deve usá-lo como principal argumentação em sua comunicação.

É como se você estivesse tocando na ferida toda vez que você aparece em público, é como se você implantasse o sentimento de *"agora eu consigo superar isso, juntos nós conseguimos".*

Se você também passou pelo problema que seu produto visa solucionar, mostre isso às pessoas. Além de mostrar que você é humano, isso irá conectar ainda mais você ao seu público.

Caso você nunca tenha passado pelo problema que está disposto a solucionar, procure usar um exemplo real para tornar a experiência mais tangível.

E mais uma vez, use isso com responsabilidade.

DOR X PRAZER

"O prazer nos visita algumas vezes, mas a dor agarra-se cruelmente a nós" - John Keats

Não é nenhuma novidade que a maior parte do tempo estamos buscando uma forma de obter prazer e satisfação, ou tentando evitar a dor.

O grande problema é que isso é mal compreendido e subutilizado por muitas empresas.

As empresas que realmente sabem explorar isso faturam milhões, algumas faturam bilhões de dólares todos os anos.

O que você prefere?

1. Fazer 1 hora de exercícios todos os dias, cortar determinados alimentos e evitar o consumo de álcool...?

2. Aproveitar o fim de semana com os amigos assistindo a sua série favorita, comendo e bebendo tudo que desejar?

A Netflix também percebeu isso. Ela disse.

"Já que você adora curtir os amigos, gosta de aproveitar bons momentos, uma boa comida e não perde a oportunidade de ver um bom filme ou aquela sua série favorita... O que acha de fazer isso no conforto do seu maravilhoso sofá? E se você pudesse ter acesso a, não apenas um, mas todos os filmes e séries que você e os seus amigos mais amam... como você se sentiria? E se você soubesse que ainda pode economizar uma bela grana... seria fantástico não é?

Aqui está o que eu preparei para você:

Acesso a todos os seus filmes e séries favoritos no conforto de casa por apenas ½ entrada no cinema.

Com apenas R$22 você pode aproveitar os filmes e séries que você mais ama, curtir cada segundo do seu precioso tempo no conforto do sofá enquanto aproveita seus amigos e as coisas boas da vida sem ter que enfrentar o transtorno de sair de casa. E o que é melhor ainda economiza um bom dinheiro para as coisas que você ama.

Acesse agora e comece a aproveitar a vida de verdade.

Percebe o que significa pegar o que o cliente deseja e transformar isso em um produto.

Veja que em nenhum momento a Netflix falou o quanto ela é grande, ou maravilhosa... Não, ele falou sobre o que o cliente deseja, sobre o que já estava na mente deles.

Vamos aprofundar um pouco mais...

Ouça: O que temos aqui...

Primeiro, ela pinta um cenário onde fala do prazer, sobre o que **o cliente mais ama**, sobre **aproveitar os amigos, curtir a vida, os prazeres da gastronomia... prazer, prazer, prazer.**

Depois ela faz um contraste Dor x Prazer

- **Dor:** Transtorno de sair de casa, trânsito, estacionamento etc. - Versus – **Prazer:** O conforto e a tranquilidade de casa jogado no sofá a um clique de distância do que mais amo.

- **Dor:** Perder tempo, fila, demora – **Prazer:** Acesso imediato e ilimitado ao apertar um botão.

- **Dor:** Gastar dinheiro – **Prazer:** Economizar dinheiro (acesso a tudo pelo preço de meia entrada).

Se você fizer apenas esse exercício simples o seu negócio muda de nível muito rápido, pois você começa a falar a linguagem do seu cliente... isso é como música para os ouvidos dele.

- Dor 1 – Prazer 1
- Dor 2 – Prazer 2
- Dor 3 – Prazer 3
- Etc.

Antes de partir para o próximo gatilho, pare alguns minutos e comece a listar:

- Quais as dores do seu cliente (relacionadas não apenas ao seu produto. Cave um pouco mais fundo, tente enxergar todo o cenário, tente entrar no ambiente dele).

   Veja, a Netflix falou de amigos, comida, dinheiro, lazer, tempo... ela vende filme, mas foi a coisa menos abordada diretamente... percebe?

- Depois pegue cada uma das dores e pense em como transformar isso em prazer, solução. *(pense em termos de sentimento)*

Vá fundo nisso, a recompensa vale o esforço.

BENEFÍCIOS

"Há uma força motriz mais poderosa que o vapor, a eletricidade e a energia atômica: a vontade" - Albert Einstein

Esse não é necessariamente um gatilho, mas é tão importante que eu resolvi tratá-lo aqui.

Acredito profundamente que, para lidar com as mudanças do mercado atual, você precisa estar bem armado. Por esse motivo não pouparei nenhuma informação realmente relevante para o seu negócio.

O que você precisa entender sobre benefícios para ter sucesso é: pense em termos da outra pessoa.

Vou repetir...

Pense sobre o que a outra pessoa quer.

Não sobre o que você quer, mas sobre o que a outra pessoa quer.

Isso significa, que em vez de anunciar, produzir ou criar algo pura e exclusivamente da sua cabeça. Você vai, a partir de agora, buscar o que o seu cliente realmente deseja.

Repito. Não o que você acha, mas o que ele realmente deseja.

Se observar as estatísticas, verá que mais de 80% das empresas fecham as portas em 5 anos ou menos.

Ao buscar as causas, esse é um dos principais motivos. Em vez de pensar no que seus clientes desejam, o que a maioria das empresas faz?

Isso mesmo, exatamente o oposto. Elas ficam tentando vender um produto ou serviço para seus clientes, sem sequer perguntar o que eles realmente querem.

Esse assunto é tão importante que Dale Carnegie, mesmo depois de já estar morto, ainda é uma das pessoas mais influentes quando o assunto é oratória e persuasão.

Seus livros, cursos e treinamentos ultrapassam décadas batendo recordes de vendas.

Qual o segredo desse sucesso?

Ele descobriu que as pessoas estão muito mais abertas e receptivas, se pensarmos em termos do que elas querem, e do que as interessa.

Se você já leu o brilhante livro "Como Fazer Amigos e Influenciar Pessoas", percebeu que esse princípio sozinho é mais forte do que todos os outros gatilhos juntos.

Por que?

Por você começa a sintonizar e a compreender o que as pessoas realmente desejam e então entrega isso a elas.

Quer um bom exemplo?

Imagina que você vende produtos para churrasco.

Imagine que você encontra uma pessoa, e decide que vai usar todos os gatilhos para fazer a venda de um kit churrasco para aquela pessoa.

O que você não sabe, é que aquela pessoa é vegana.

Você pode usar todos os gatilhos imagináveis e, muito provavelmente, você não vai fazê-la comprar, e se fizer, ela não voltará.

Percebe o quanto esse princípio é fundamental, não apenas para o marketing e vendas, mas para toda e qualquer parte de nossas vidas?

Pense sobre isso.

Aqui estão alguns passos que você pode dar para usar esse princípio com maestria e melhorar seus resultados:

1. Descubra o que as pessoas realmente desejam, não o que elas precisam, mas o que elas desejam.

Nós gostamos de comprar aquilo que desejamos e não aquilo que precisamos. Muitas pessoas sabem que estão acima do peso, que precisam urgente fazer uma dieta, fazer exercícios físicos.

Mas o que elas desejam é um delicioso pote de sorvete de chocolate ao leite coberto com caramelo e recheado com deliciosas guloseimas. O que você acha que essa pessoa vai comprar primeiro?

Talvez no seu mercado, você seja a pessoa que está tentando vender a academia ou uma dieta restritiva para quem deseja pura e exclusivamente o sorvete... pense sobre isso.

2. Venda o que elas desejam. Mas entregue o que elas precisam e desejam.

    Vou explicar...

    Vamos usar nosso exemplo anterior.

    Imagine que a pessoa sabe que está acima do peso, que isso está lhe prejudicando e começando a incomodar...

    Que tal, **em vez de academia... Um aparelho que tonifica a musculatura, enquanto ela aproveita o sorvete.**

    Ou uma dieta que inclua um sorvete.

    Ou ainda, **um sorvete especial tão delicioso quanto o**

outro, mas que não engorda.

Pegou o ponto?

3. Repita o processo.

Claro, eu fiz questão de exagerar um pouco nos exemplos apenas para que você entenda o ponto, esse ponto é:

Comece a pensar em termos do que as pessoas desejam, se fizer isso você verá que é muito mais fácil vender... Afinal, as pessoas já estão pedindo para comprar.

NOVIDADE

O homem é um animal que adora tanto as novidades que se o rádio fosse inventado depois da televisão, haveria uma correria a esse maravilhoso aparelho completamente sem imagem – Millôr Fernandes

O que é novo nos fascina!

Desde os tempos mais remotos, o homem é fascinado pelo que é novo, por novas descobertas, por novas experiências.

Há muito se sabe, que a novidade nos ajuda a aprender com mais eficácia. Mas não sabíamos porquê até 15 anos atrás.

Foi quando dois neurocientistas, chamados Bunzeck e Düzel usaram a tecnologia fMRI para examinar os cérebros das pessoas enquanto viam novas imagens. A substância negra / área segmentar ventral do cérebro (SN / VTA) - que está intimamente ligada à memória e ao aprendizado - iluminou-se.

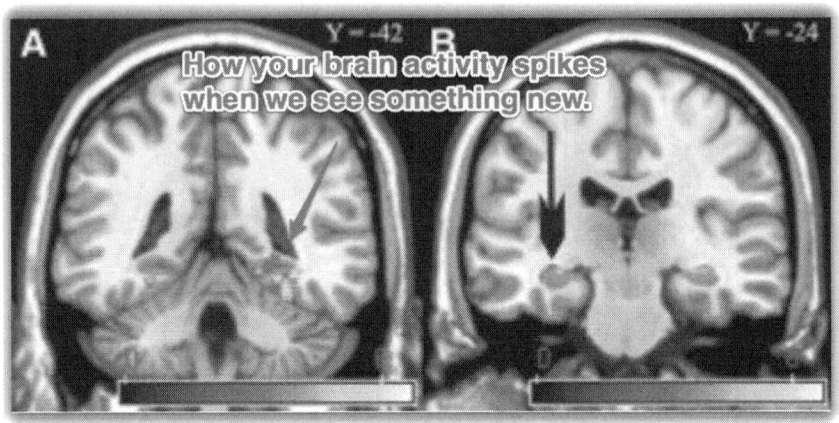

Logo depois, os neurocientistas da UCLA também vincularam a novidade à memória e ao aprendizado. Eles descobriram que nossos cérebros anseiam por novidades.

As pessoas adoram novidades. Em termos neurológicos, quando somos expostos a algo novo, há um aumento na liberação de dopamina, neurotransmissor responsável pela sensação de prazer.

Apesar de as coisas familiares gerarem certa tranquilidade, a novidade nos tira da zona de conforto e nos motiva a buscar pela recompensa associada a ela.

Empresas de tecnologia e de automóveis usam esse gatilho frequentemente. Afinal, a cada ano, somos expostos a um novo modelo de celular, televisão, roupa, carro.

Embora muitas vezes as diferenças entre os modelos sejam extremamente pequenas, trocamos os objetos antigos pelo simples prazer de estar usando algo moderno, inovador e, como quase sempre deduzimos, melhor.

Como usar o gatilho mental da Novidade no seu negócio:

Em seu negócio, você pode usar este gatilho incluindo, de tempos em tempos, uma atualização em seu produto ou serviço. Mas sempre atualizações significativas, que façam ter sentido adquirir a nova versão.

Além de estar usando um atalho mental poderoso, você não corre o risco de se tornar obsoleto em relação ao mercado em que atua.

E, de fato, com a velocidade com que coisas novas são descobertas, é cada vez mais necessário buscar atualização.

No marketing digital, por exemplo, isto é notório, porém, vale para a maioria dos nichos.

Extra: Quando você lança um produto, seja online ou offline, poucas vezes no ano, além de estar usando o gatilho da novidade, também está ativando a escassez. Associar estes dois mecanismos no seu negócio fará com que as vendas aumentem consideravelmente.

Aqui estão algumas ações que você pode tomar para intensificar o poder desse gatilho:

1. Assim como nos lançamentos de produtos, use o gatilho da antecipação, isso causa uma certa tensão e aumenta a expectativa.
2. Limite a quantidade, se possível. Assim você também ativa o gatilho da escassez.

3. Se for possível limitar o tempo, use um cronômetro para ativar o gatilho da urgência. Mas apenas se houver limitação real de tempo. As pessoas não vão acreditar em você e consequentemente não vão agir da próxima vez se você não for íntegro.

4. Melhore e repita esse processo, isso vai fazer com que você elimine certos gargalos e corrija os desvios de rota.

EXCLUSIVIDADE

Esse gatilho está ligado ao gatilho mental da escassez.

Como você verá logo adiante, parte dos princípios aplicados aqui também são amplamente utilizados para gerar escassez. Note que os gatilhos estão sempre entrelaçados.

O que você precisa entender aqui é:

Como usar o nosso desejo de superioridade, de seletividade para fazer as pessoas abrirem a carteira e comprar o seu produto.

No livro "Pense e Enriqueça", capítulo 13, Napoleon Hill aborda de forma aprofundada esse nosso anseio de nos sentirmos superiores.

Em um trecho ele diz: *"Quase todos os animais inferiores a nós são movidos pelo instinto, mas sua capacidade de "pensar" é limitada e, portanto, eles predam uns aos outros fisicamente. Nós, como nosso senso superior de intuição, com a nossa capacidade de pensar e de raciocinar, não comemos uns aos outros no sentido físico. Os seres humanos obtêm mais satisfação "devorando" os outros financeiramente. Os seres humanos são tão avaros que todas as leis concebíveis já foram criadas para nos proteger uns dos outros."*

Em outro trecho, ele diz: *"Somos tão ávidos por riqueza e reconhecimento que a conquistaremos de qualquer maneira possível – por métodos legais se possível, por outros métodos se necessário ou conveniente".*

Leia novamente:

"Somos tão ávidos por riqueza e reconhecimento que a conquistaremos de qualquer maneira possível – por métodos legais se possível, por outros métodos se necessário ou conveniente".

Veja, Napoleon Hill estudou a vida de mais de 25 mil homens e mulheres por quase meio século antes de revelar essa verdade ao mundo.

Imagina o que você, agora de posse dessa informação, pode fazer não apenas por seu negócio mas por todos os seus relacionamentos.

Blair Warren, em seu fascinante livro "The One Sentence Persuasion Course", disse: *"As pessoas farão qualquer coisa por aqueles que encorajem seus sonhos, justifiquem seus fracassos, acalmem seus medos, confirmem suas suspeitas e ajudem a atirar pedras contra seus inimigos."*

Dale Carnegie disse: *"As pessoas arriscarão suas próprias vidas por um pouco de reconhecimento."*

Domine isso e você terá as pessoas em suas mãos.

Esse é um gatilho muito poderoso, principalmente quando usado em conjunto com outros gatilhos.

O ponto mais importante a analisar aqui é:

Como o seu produto/serviço pode despertar esse sentimento inato de superioridade.. esse sentimento de apreciação.

O que você pode fazer para passar ao seu cliente a sensação de que ele está recebendo algo exclusivo, seleto, que ele faz parte de um grupo superior, exclusivo, único?

Aqui, mais do que todos os outros gatilhos, você precisa ser 110% íntegro.

É comum o preço de produtos desse perfil ser 10,20,30 vezes superior ao preço normal por dois motivos:

1. Para justificar uma atenção tão exclusiva a tão poucas pessoas. (*esse não é o tipo de negócio para gerar volume, a estratégia aqui é de fato ter poucas pessoas e ancorar o preço para seus produtos de valor menor*).

2. As pessoas nesse nível de jogo estão em busca de resultados, de algo que não está disponível no mercado, ou algo que elas já recebam a informação mastigada *(sua*

disponibilidade precisará ser maior e muitas vezes você precisará pedir a sua equipe para executar algumas tarefas para determinados clientes).

Você pode começar com algo como...

"Como membro do clube XYZ você recebe benefícios exclusivos como...1,2,3. Além disso, você recebe todos os meses direto na sua casa o produto ZW, mas isso não é tudo, você ainda terá acesso exclusivo ao Consultor WP que vai guiá-lo ao seu objetivo.

Como membro premium você também recebe e-mails exclusivos Ultra Power, além dos benefícios 1,2,3,4..."

Passe essa sensação de exclusividade, algo único.

Aqui estão mais algumas ações que você pode tomar para aumentar o valor percebido e o sentimento de exclusividade.

1. **Crie algo focado em resultado...** uma meta específica (esse perfil de cliente tende a ser atraído pelo resultado).
2. **Ofereça algo realmente superior e programe-se para atendimentos mais personalizados** (essas pessoas valorizam muito esse tipo de contato).
3. **Eleve o preço em pelo menos 10x** em relação ao preço do seu maior produto atual... os grandes players praticam algo em torno de 20x. Se você estiver começando agora, recomendo algo próximo 10x. (Isso será benéfico para você por vários motivos, o principal é que mesmo que você não faça nenhuma venda na primeira oferta, como geralmente acontece... a relação "PREÇO X VALOR" dos seus outros produtos aumentarão dramaticamente).

4. **Seja íntegro e garanta a sua palavra**, se você disse que encerraria as inscrições no dia XYZ mantenha a palavra e não aceite mais ninguém. (O efeito disso é que no longo prazo as pessoas saberão que você está falando a verdade e agirão imediatamente).

Lembre-se:

Procure explorar isso na sua comunicação como um todo, trabalhe estes sentimentos de como o seu cliente pode se sentir único, especial, diferente, superior a outras pessoas.

As pessoas estão em busca de status, fama, poder... de serem vistas como pessoas legais, diferentes, únicas.

Se você conseguir manter a integridade e transmitir isso na sua comunicação... Bingo. Bingo. Bingo!

COMPROMISSO E COERÊNCIA

Seja mais forte que a sua melhor desculpa.

Esse gatilho esconde um segredo descoberto há mais de 25 séculos e, parece ainda ser segredo, pois tão poucas pessoas sabem como realmente usar essa arma tão poderosa. (falaremos mais disso em um minuto).

Robert Cialdini, em seu instigante livro "As Armas da Persuasão" fala sobre a nossa tendência de seguir uma posição assumida para manter a coerência, mesmo que saibamos não ser a melhor escolha.

O princípio do compromisso e coerência diz que as pessoas estão dispostas a fazer um grande esforço para transmitir coerência entre suas palavras e atitudes – mesmo que, para isso, tenham que tomar atitudes radicais ou arriscadas em alguns momentos.

Em um experimento social, pesquisadores encenaram furtos numa praia de Nova York para desvendar se as pessoas arriscariam a pele a fim de impedir o crime. No estudo, um ator abria uma toalha de praia a um metro e meio de um indivíduo escolhido aleatoriamente. Após alguns minutos relaxando na toalha e ouvindo música com um rádio portátil, o ator se levantava e ia caminhar pela praia.

Logo depois, um pesquisador, fingindo ser um ladrão, aproximava-se, pegava o rádio e fugia. Sob condições normais, as pessoas relutavam em se arriscar e desafiar o ladrão – apenas 4 pessoas fizeram isso nas 20 vezes em que o furto foi encenado.

Mas quando o mesmo procedimento foi realizado outras 20 vezes, com uma ligeira mudança, os resultados foram muito diferentes. Nessas encenações, antes de deixar a toalha, o ator pedia à pessoa para vigiar seus pertences e todos concordaram, afinal, não custaria nada.

Dessa vez, impulsionados pelo princípio da coerência, 19 das 20 pessoas praticamente se tornaram vigias, indo atrás do ladrão, exigindo uma satisfação e, muitas vezes, detendo-o fisicamente ou retirando o rádio de suas mãos.

A coerência é muito valorizada em nossa cultura, mesmo em situações em que este não é o caminho mais sensato.

A concordância entre o que se diz e o que se faz é algo bem visto pela sociedade, geralmente está relacionada à maturidade e ao equilíbrio psíquico de uma pessoa.

Robert Cialdini aborda essa questão em sua obra, "Armas da Persuasão". Ele explica que, além da aceitação social, a coerência serve também como atalho para o cérebro.

Quando se é coerente, basta recordar ações passadas para facilitar a tomada de decisões. Ao usar o que já fizemos como base, evitamos ponderar cada circunstância para tomar uma nova decisão.

Em 400 a.C. Aristóteles descobriu esse poderoso segredo do princípio da coerência.

Ele descobriu como usar essa nossa tendência de manter nossas posições depois de assumidas publicamente para fazer com que as pessoas dissessem sim.

Isso é conhecido hoje como técnica do "SIM, SIM, SIM", que é basicamente fazer com que a outra pessoa diga sim e ajuste sua fisionomia para uma resposta positiva desde o começo.

Por que isso é importante?

Estudos descobriram que quando dizemos "NÃO" toda a nossa fisiologia é alterada, desde os níveis químicos aos níveis musculares.

Usando o princípio da coerência, esse mesmo estudo descobriu que uma vez que a pessoa diz não logo de início, é muito difícil levá-la a dizer sim, pois toda a sua fisiologia foi alterada para manter a coerência com a posição ora assumida.

O que as grandes empresas e vendedores de ponta fizeram de posse desse conhecimento?

Eles começaram a estruturar sua comunicação com elementos que as pessoas não pudessem discordar.

Al Ries, um dos maiores estrategistas em posicionamento, chama isso de "assaltar a mente", em outras palavras, começar onde o cliente está e usar isso para inserir novas informações.

Isso significa que, seguindo esse princípio, é importante começar com fatos que as pessoas já conhecem e não podem discordar.

Pouco a pouco, a comunicação vai arrancando os "SIMs" até entrar no momento da oferta... o que facilita o SIM final. Uma vez que a pessoa concordou outras vezes, é muito mais fácil para ela continuar concordando.

Observe como a maioria dos vídeos de vendas e comerciais começam, você verá o quanto isso é poderoso e muito utilizado por grandes empresas.

O melhor ponto para começar é encontrar os problemas/dores reais dos seus clientes, quando você faz isso você praticamente se sintoniza com ele.

O motivo é simples, quando você trabalha os elementos dessa forma, você está sintonizado na mesma frequência e pontos de dor do cliente.

Frases como:

- Se... então
- Talvez
- Todo mundo sabe
- Isso é um fato

- Não sei você... mas

Aqui estão mais algumas maneiras de usar no seu negócio:

Em seu negócio, você pode utilizar este gatilho para reforçar os principais pontos em comum e tornar mais difícil dizer não.

Um bom lugar para fazer isso é, especialmente a parte das garantias. Onde você elimina todo o risco da transação para o cliente, como, por exemplo:

"Você não perderá nada com a compra".

Caso o produto não satisfaça suas expectativas, você pode solicitar seu dinheiro de volta no prazo de 30 dias". Isso evita que as pessoas procrastinem a decisão de comprar ou não o produto. Já que poderá reaver o investimento caso não goste do que comprou.

Se você observar, notará que precisará usar outros gatilhos para fazer esse princípio funcionar com eficácia. Afinal, o que esse gatilho faz é ajudar a manter uma posição já assumida anteriormente.

Pense sobre isso.

Além disso, depois que a pessoa adquire seu produto, acaba assumindo um compromisso com ela mesma.

Especialmente se for algo que o resultado também dependa do cliente para se concretizar, como um produto para emagrecer, por exemplo. Essa é uma das técnicas mais usadas pelos copywriters profissionais simplesmente porque funciona.

Aqui estão alguns dos passos que você deve observar:

1. Faça com que as pessoas digam sim desde o começo.
2. Use o que já está em suas mentes, encontre o melhor ângulo para começar com um sim.
3. As dores e problemas são um bom lugar para começar
4. Faça com que as pessoas assumam uma posição, deixe-as se manifestar.
5. Use frases que facilitem uma resposta positiva como: Se... então, Talvez, Todo mundo sabe, Isso é um fato, Não sei você... mas.
6. Evite expressões negativas, se não for possível fazer isso em toda a comunicação, tente fazer isso pelo menos no início e fechamento.

Lembre-se, os gatilhos sempre funcionam melhor em conjunto.

PILAR III
LOGOS

A Racionalização Exagerada e o Mistério dos Pontos de Inflexão

PARADOXO DA ESCOLHA

Menos é mais...

Como você se sente quando precisa tomar uma decisão rápida e percebe que tem mais opções do que gostaria?

A cada escolha, uma renúncia. Quando dizemos sim para algo, obrigatoriamente dizemos não para outras opções. Eis o sofrimento intrínseco ao ato de escolher.

Um estudo conduzido pela Dra. Sheena S. Iyengar para a universidade de Columbia analisou duas situações em uma loja de doces:

Uma mesa com 24 sabores de doces.

Uma mesa com apenas 6 sabores de doces.

O objetivo era identificar qual mesa atrairia mais visitantes e em qual das situações mais doces eram vendidos. A pesquisa mostrou que 60% das pessoas pararam para experimentar os 24 doces da 1ª mesa, enquanto a 2ª recebeu 40% das visitas.

Porém, para os clientes que foram apresentados os 24 sabores, apenas 3% compraram. Enquanto na mesa com apenas 6 sabores, 30% dos clientes compraram. Colocando em números absolutos, supondo 100 pessoas no total, teríamos:

Mesa com 24 sabores: 60 pessoas pararam, mas menos de 2 compraram (1,8 para ser exato).

Mesa com apenas 6 sabores: 40 pessoas pararam e 12 compraram.

Isso mostra como o fato de ter muitas opções pode paralisar as pessoas, dificultando que elas tomem uma ação.

E, como mostrado pelo estudo, isso serve tanto para negócios online como offline. Vale a máxima: quantidade não é sinônimo de qualidade.

Aqui está um bom exemplo...

2G   3G   3GS   4   4S   5   5c   5s   6   6+

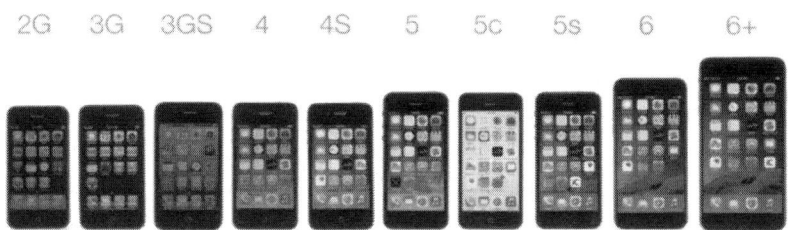

Me diga rápido, você consegue escolher facilmente o seu modelo preferido de celular acima? E agora?

Para muitos especialistas, as imagens acima mostram o declínio e ascensão de duas grandes empresas no setor de telefones celulares.

A Nokia dominava o mercado com seus aparelhos relativamente baratos e um teclado físico fácil de usar.

Porém, após a introdução do primeiro iPhone no mercado (não ilustrado na imagem acima), o market share desse mercado sofreu uma rápida mudança.

A enorme quantidade de celulares da Nokia não era suficiente para combater as inovações oferecidas pelo iPhone. Quando uma empresa apresenta diversos produtos no mesmo segmento de mercado, eles acabam concorrendo entre si, dificultando a escolha do cliente.

Enquanto as pessoas ficavam paralisadas com quantidade absurda de escolhas da própria Nokia, a Apple começava a dominar o mercado fazendo exatamente o contrário.

A metodologia de nomenclatura dos iPhones é simples e consiste, desde o início, em colocar um número adicional para simbolizar a versão dele. Algumas variações foram adotadas de modelo para modelo, mas você sabia que estava levando um iPhone.

No caso da Nokia, os modelos pareciam mais entidades do que celulares, com uma série de letras e números que provavelmente só faziam sentido para quem os inventou. Muitos consumidores certamente sentiam-se perdidos em meio de tantas opções desconexas.

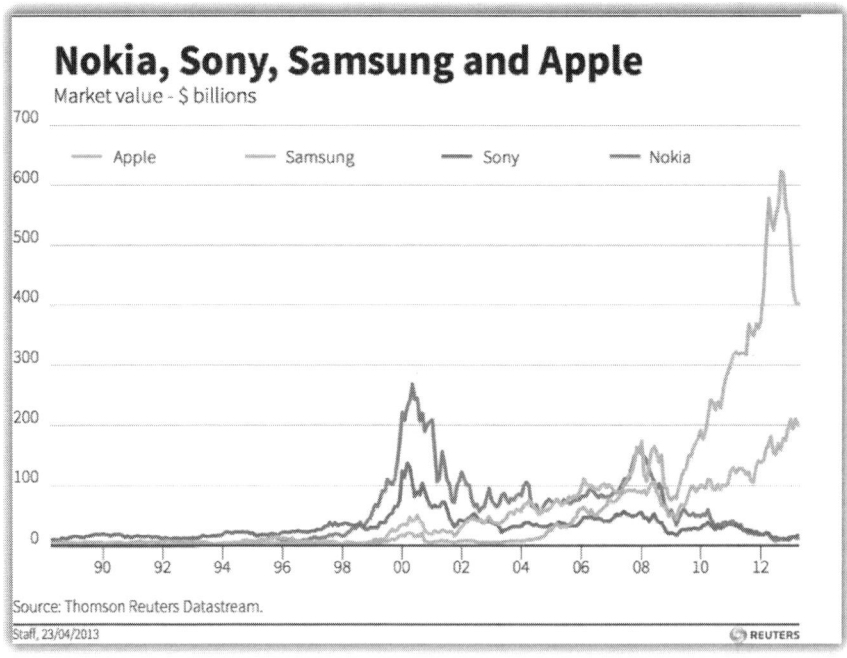

O paradoxo da escolha e a abordagem diferente sobre nomenclatura de ambas as empresas não explicam totalmente a evolução do valor de mercado no gráfico acima. Porém, fica o questionamento:

"E se a Nokia buscasse mais qualidade ao invés de quantidade?" Tomar decisões olhando para o retrovisor é fácil, mas ignorar erros passados faz com que você esteja condenado a repeti-los.

Como Usar no seu Negócio:

Em seu negócio, você pode ativar esse gatilho ao simplificar processos. Em um cadastro, por exemplo, procure pedir apenas informações indispensáveis.

Procure trabalhar com poucas opções, quanto menos energia o cliente tiver que gastar para tomar uma decisão mais rápida será essa decisão.

Atente-se para o fato de que as pessoas costumam comparar as opções antes de comprar. Uma tática comum é colocar uma ou algumas opções nitidamente desvantajosas, exatamente para que a opção que você quer que os clientes escolham pareça ainda mais vantajosa.

Isso significa que o primeiro passo mais importante é conhecer o seu cliente e o que ele realmente deseja para que possa fazer a melhor oferta de forma estratégica.

Ensino isso em detalhes no livro Oferta Irresistível, na parte onde entramos no passo a passo da criação da Oferta fisiologicamente impossível de ser ignorada Part I.

O grande problema no mercado é que a maioria das empresas estão semiadormecidas com relação a esse assunto.

Elas acreditam que é preciso ter um cardápio com bastante opções, com muitas variações, sem atentar para o fato de que isso só deixa o cliente ainda mais confuso.

Nesse caso, menos é mais... menos opções, menos distração, menos gasto de energia... mais vendas.

Como Gary Halbert bem disse*: "você deve fazer a sua melhor oferta em uma única opção".*

Oferecer uma ou várias opções de pedido como um pacote Básico e Premium pode ser um tiro no pé.

Muitas pessoas juram que usam isso como um meio de aumentar o valor médio das transações. O que tenho visto tem sido que, isso muitas vezes apenas cria atrasos. É minha convicção que você deve ter a melhor oferta possível para um pacote.

Concentre-os na ação / pedido de uma única coisa.

Faça tudo o que puder para tornar essa ação o mais atraente possível para o cliente em potencial". Esse é um conselho sábio de Halbert, aliás, ele fez isso em sua empresa Halbert's Inc.

Não lembro exatamente em qual, mas em um de seus seminários ele conta que quando criou sua empresa, pouco tempo depois estava com aproximadamente 17 produtos em catálogo. Depois de analisar as vendas ele percebeu que 3 produtos estavam vendendo mais do que todos os outros juntos.

Com base nisso ele criou um catálogo contendo apenas esses três produtos. Essa simples mudança fez com que as vendas aumentassem violentamente.

Então, ele percebeu que um dos produtos vendia mais do que os outros dois.

Foi quando ele criou a famosa carta do "Brasão de Família" e as vendas explodiram para a casa dos milhões, desde então, ele nunca mais olhou para trás, ou melhor, para "mais de um produto" por venda. Pense sobre isso.

SIMPLICIDADE

"A simplicidade é o último grau de sofisticação"
Leonardo Da Vinci

Você já deve ter ouvido falar da lei do menor esforço. Embora tenha sido deturpada pela cultura popular, tornando-se sinônimo de preguiça e má vontade para o trabalho, essa lei tem valor científico.

Ela se baseia no Princípio 80/20, descoberto em 1897 pelo economista italiano Vilfredo Pareto (1848-1923), segundo o qual 80% do que uma pessoa realiza no trabalho vêm de 20% do tempo gasto nesta atividade.

Ou seja, 80% do esforço despendido para todas as finalidades práticas são irrelevantes. Deve ser por isso que, embora o resultado seja importante, as pessoas avaliam muito o método para chegar até ele.

Mais do que isso... o caminho até a realização de um objetivo é algo que pode definir se uma pessoa tomará uma atitude ou não.

Se houver várias maneiras de realizar uma determinada tarefa, nós tendemos a decidir pela maneira mais fácil.

Isso porque nosso cérebro valoriza a economia de energia e, do ponto de vista dos negócios, se um produto ou serviço oferecer um atalho para o cliente alcançar o resultado que espera, certamente será muito mais fácil vendê-lo.

Como Usar no seu Negócio:

Para ativar esse gatilho, você precisa apresentar algo que seu público deseja alcançar e, em seguida, mostrar como o seu produto encurtará o caminho até a conquista desse objetivo. Para tanto, use palavras e expressões, como:

- Passo a passo
- Os 5 passos para
- Simples
- O caminho mais curto
- A maneira mais simples e eficiente
- Um sistema eficaz
- Rápido
- Descomplicado

Mas não se esqueça de que você deve entregar o que está prometendo, caso contrário, seu público pode ficar bastante irritado e o resultado será negativo para você e seu negócio.

Além disso, um dos quesitos que separam um expert de uma pessoa leiga é justamente a habilidade de transformar coisas complexas em algo simples de se entender e fazer.

Veja alguns passos que você pode tomar para encontrar o seu ponto ótimo:

1. Identifique quem é o seu melhor cliente e o que ele realmente deseja.
2. Qual resultado ele espera em quanto tempo.
3. Desenhe um mapa com todas as etapas e o que precisa ser feito do ponto em que o cliente está até o resultado que ele deseja.
4. Mostre como o seu produto resolve essas etapas de forma simples, prática e rápida... se o fizer, é claro.
5. Refine e repita esse processo de acordo com a sua necessidade e momento atual.

CONTRASTE

Mostre às pessoas a diferença entre a opção "A" e a opção "B" e faça isso com emoção.

Imagine que você fez uma viagem para a travessia do deserto, e por algum motivo você se distanciou do acampamento e acabou se perdendo.

Você já caminhou cerca de 15km, a água acabou nos primeiros 5 km, a temperatura está acima dos 45°C, a tempestade de areia atinge sua pele como uma navalha, você está exausto e já nem consegue raciocinar direito.

Por coincidência ou sorte sua, uma pessoa se aproxima e pergunta o que aconteceu, você relata o ocorrido e essa pessoa informa que você está a aproximadamente 15km de distância do acampamento mais próximo. O viajante informa que pode conseguir água e um camelo, mas que isso terá um custo de $500.

Antes de sair do acampamento, você notou que um litro de água custava $10 e a diária de um camelo $20 dólares. Ao vasculhar os bolsos você percebe que têm os $500... O que você faz?

Então, o viajante começa a se retirar e lhe apresenta suas opções.

Opção 1: Você pode continuar aí tentando chegar ao acampamento. Se conseguir sobreviver às tempestades de areia e a temperatura negativa à noite... estará tão debilitado e desidratado que mal conseguirá se mover e provavelmente nada o salvará.

Opção 2: Você pode aceitar a minha ajuda, pode matar a sede com água limpa e fresca e estar na segurança e conforto do acampamento em 2h por apenas $500.

Qual opção você escolheria?

Se fosse em uma situação normal você não pagaria $500 por algo que custa $30, pagaria?

Mas nesse caso, passou a ser uma questão de vida ou morte, pelo menos foi o que o viajante nos levou a acreditar.

Perceba que o contraste é criado pelo "contexto". Você precisa ficar bom nisso. Eu fiz questão de dar um exemplo um pouco exagerado para que você perceba o quanto o contexto é importante.

Olhando para o seu produto ou serviço agora, você consegue pensar em como criar esse contraste?

Há algum cenário ou contexto que você pode criar que vai ajudar o seu cliente a fechar a compra?

- O que o cliente realmente ganha se optar pela sua solução?
- O que ele perde se decidir não comprar e continuar a vida como está?

Esse é um bom exercício para começar... veremos mais detalhes sobre como montar a sua oferta em alguns minutos.

Robert Cialdini, um dos mais influentes quando o assunto é persuasão, escreveu o livro "Pré-suasão", para falar principalmente do contexto, como o título do livro sugere.

Ele fala sobre os elementos que podem ser usados "antes da persuasão". Sugiro que leia o livro o quanto antes, você ganhará uma visão muito mais ampla e aprofundada sobre como criar contextos para aumentar as chances de persuasão.

Aqui estão alguns exemplos do contraste sendo usado em ofertas multimilionárias que você pode utilizar:

Como você já deve ter notado, há muitas formas de utilizar o contraste, vou listar apenas os exemplos que mais funcionam hoje, combinado?

1 - Transforme Dólares em Centavos

Transforme reais em centavos, nesse tipo de oferta você apresenta o preço quebrado para parecer menor.

É muito comum programas e produtos High Ticket já apresentarem os preços fracionados, isso faz o preço parecer muito menor, mais palatável.

Por exemplo, supondo que você esteja vendendo um programa com um preço anual de R$2.000, em vez de anunciar de cara o preço cheio, o ideal é dividir em 12x 166,66.

Então, o programa não é mais R$2.000 é apenas 12x de 167.

Alguns profissionais mais sofisticados vão ainda mais longe, eles dividem isso por dias e, em vez de R$2000 fica apenas R$5,60 por dia.

Notou a sutileza? Vou repetir.

Não é mais R$2.000, é apenas R$5,60 por dia.

Essa estratégia também leva o nome de "reduzir o preço ao ridículo". Significa fazer o preço parecer insignificante se comparado ao preço cheio.

Por que isso funciona tão bem?

De acordo com Daniel Kahneman, ganhador do prêmio Nobel de economia, em seu brilhante livro "The Think and Slow", ele revela que quando estamos diante de operações complexas, a parte do cérebro lento entra em ação e fará qualquer coisa para não precisar gastar energia com cálculos e projeções.

Em outras palavras, por mais que continue sendo os mesmos R$2.000 o cérebro só será capaz de enxergar os R$5,60 por dia.

2 – Teste Sem Risco

Talvez um dos melhores exemplos que conheço vem de Joe Karbo. É de um anúncio que ele escreveu com o título: **O caminho do homem preguiçoso para a riqueza.**

A propósito, este anúncio fez tanto sucesso que vendeu 2.786.500 livros auto publicados com o mesmo nome antes de Joe morrer em 1980.

Foi assim que ele formulou sua oferta de cheque pós-datado:

E se eu tiver tanta certeza de que você vai ganhar dinheiro do meu jeito de homem preguiçoso que vou lhe dar uma garantia muito incomum?

E aqui está: eu não vou descontar nem mesmo seu cheque ou ordem de pagamento por 31 dias após ter enviado meu material para você.

Isso lhe dará bastante tempo para entender, examinar e experimentar.

Se você não concordar que vale pelo menos cem vezes o que você investiu, devolva. Seu cheque não sacado ou ordem de pagamento será devolvido pelo correio. "

Em seguida, ele diz o seguinte no cupom do pedido:

Joe, você pode estar cheio de feijão, mas o que eu tenho a perder? **Envie-me o Caminho do Homem Preguiçoso para a Riqueza**. Mas não deposite meu cheque ou ordem de pagamento por 31 dias após ter sido enviado pelo correio.

> Se eu devolver o seu material --- por qualquer motivo --- dentro desse prazo, devolva meu cheque ou ordem de pagamento não sacados para mim. Com base nisso, aqui estão meus dez dólares.

A propósito, você também pode usar essa técnica com cartões de crédito. Basta dizer que você não cobrará o cartão por 31 dias ou o que for.

3. Aumente a Oferta Tornando-a Fácil de Comprar

Ofereça parcelas fáceis. Deixe-os pagar em 2 ou 3 pagamentos divididos igualmente a cada 30 dias. Ou, no caso de programas, produtos ou serviços de alto valor ... talvez em 6 a 12 parcelas mensais. A propósito, não diga "pagamentos" ... isso carrega uma conotação negativa. Em vez disso, diga "parcelas".

Aqui estão mais algumas sacadas valiosas para fazer esse gatilho funcionar como louco:

1. Venda dólares por centavos
2. Venda uma coisa para uma pessoa de cada vez
3. Faça o cliente se comprometer com o resultado
4. Aumente o contraste com opções únicas vs. opções múltiplas
5. Se você está oferecendo algo grátis ... Mencione isso logo no título
6. Suas ofertas não devem ser apenas poderosas ... Mas também ... CRÍVEIS!
7. Ofereça como USP (proposta de venda única)
8. Adicione escassez e urgência logo depois do fechamento.

Mais uma vez, lembre-se, que os gatilhos funcionam melhor em conjunto.

Adicione Bônus, para tirar o cliente de cima do muro... e veja as vendas decolarem.

SE... ENTÃO

Esse gatilho é simples, mas muito poderoso. Muitas vezes ele é usado na abertura e no fechamento de grande parte das mensagens de vendas vencedoras.

Veja, é muito simples...

Se você X... Então Y

Se algo Z... Então W

Por que funciona tão bem?

Essa estrutura funciona tão bem porque, de forma muito direta, trabalha com o nosso instinto de busca incessante por sentido.

Causa... Efeito

Princípio... Fim

Vamos começar com alguns exemplos do uso desses gatilhos na abertura de algumas cartas de vendas multimilionárias:

Lembre-se, que o objetivo do parágrafo de abertura é prender a atenção do leitor e forçá-lo a continuar lendo ou assistindo "esse vídeo".

Como você faz isso?

Aqui está um bom exemplo.

> *"Se você está interessado em _____, então esta será a mensagem mais empolgante que você lerá!"*
>
> *Aqui está o porquê:*

Esse é um dos modelos que você apenas preenche o espaço vazio com qualquer benefício ou benefícios que deseja, como este:

> *"Se você está interessado em perder todo o seu excesso de peso de forma rápida, fácil e sem esforço, então esta será a mensagem mais emocionante que você lerá!"*
>
> *Aqui está o porquê:*

Veja mais um exemplo, com uma pequena variação:

> *"Se você está acima do peso, aqui está uma solução rápida e fácil para curar seu problema de peso ..."*
>
> *Veja como...*

Vamos dar uma olhada em um exemplo com título e abertura:

> ***Acredite ou não ... um cólon limpo é a chave!***
>
> ## "O Incrível Segredo De Saúde Da Pessoa Mais Velha Do Mundo! "
>
> 24 de abril de 2006
> Caro amigo,
>
> Se você está interessado em viver uma vida muito longa ... e ... permanecer jovem e saudável ... esta será a mensagem mais importante que você lerá...

A carta acima é um exemplo fantástico de contação de histórias do grande Gary Halbert.

O seu público-alvo quer viver uma vida longa, Gary conta a história do homem mais velho que já existiu, levando à ideia de que ele viveu tanto por causa de um cólon limpo (já que o produto é um limpador de cólon).

Ele então, segue com fatos e verdades assustadores que incluem fazer referência a um ganhador do Prêmio Nobel por credibilidade. É uma peça muito divertida e eficaz, especialmente para um produto relacionado à limpeza do cólon.

A propósito, Parte IV do livro Oferta Irresistível você tem acesso a todos os detalhes e estratégias dessa e de outras técnicas para auxiliá-lo na criação da sua Oferta Irresistível.

Qual o ponto a ser observado?

Se você decidir usar essa estrutura, além de trabalhar nossa busca desenfreada por encontrar sentido em tudo, ainda têm outros benefícios muito importantes:

1. Ajuda a segmentar o público (Isso economiza muito tempo, dinheiro e esforço. Uma vez que atrai as pessoas certas logo de início)
2. Permite inserir mensagens subliminares em suas comunicações sem que as pessoas percebam.
3. Permite condicionar a continuidade à aceitação do condicionamento anterior (Se você deseja isso... então faça isso)

EMPILHAMENTO

Esse e o próximo gatilho que você verá, são conhecidos como gatilhos de oferta e fechamento.

O motivo é simples.

Eles resumem tudo que você abordou de forma rápida e em uma estrutura que aumenta a percepção de valor e faz as pessoas agirem.

Aqui estão alguns exemplos bem sucedidos que você pode usar:

Certificado Especial Sinta-Se Melhor, Tenha Uma Aparência Melhor, Viva Mais!

Sim! Quero dar-me um corpo mais jovem, mais saudável e viver a vida ao máximo! Aceito seu convite sem riscos para tentar _____.

Eu entendo que se não estiver satisfeito com _____ por qualquer motivo, posso cancelar minha assinatura em 90 dias e obter um reembolso de 100% de cada centavo que paguei. A qualquer momento depois disso, ainda posso cancelar e receber um reembolso em todas as edições não enviadas. De qualquer forma, fico com todos os brindes, além de todas as edições que recebo.

MAIOR VALOR. Eu bloqueio uma economia de 60% - e recebo 15 brindes. Por favor, inscreva minha assinatura de 2 anos para 24 edições de _____ com a taxa introdutória especial de R$197 por R$97.

E me apresse todos os 15 relatórios valiosos:

1. Torne-se à prova de ataque cardíaco
2. Novos avanços para a prevenção e sobrevivência do câncer
3. Como se proteger de vírus, bactérias e bioterrorismo
4. 30 dias para emagrecer sem dietas mirabolantes
5. Novos avanços no tratamento da osteoporose
6. Nunca Pegue Alzheimer
7. Como fazer seus suplementos e remédios funcionarem até 5 vezes melhor
8. Novas curas para osteoartrite, artrite, reumatoide e gota
9. "Droga" do colesterol da natureza
10. Novas curas poderosas para a visão deficiente
11. Diga adeus à dor nas costas e outras dores crônicas!
12. Como acabar com todos os problemas de próstata, incluindo câncer
13. Como se tornar mais jovem e saudável célula a célula
14. Uma cura permanente para fadiga crônica e dores misteriosas

> 15. Diga adeus à azia, gases e dores abdominais

Mas isso não é tudo, aqui está mais um modelo vencedor comprovado para você colocar em prática…

Aqui Está Tudo O Que Você Recebe Hoje

1. Livro eletrônico "Como escrever e publicar seu próprio e-book ... em apenas 7 dias" - (Valor de $ 497)
2. Bônus: "Como receber todos os principais cartões de crédito do planeta" - (Valor de $ 97)
3. Bônus: Jim's "Killer Ebook Title Wizard" - (Valor de $ 197)
4. Bônus: "Assistente de descrição dinâmica de livros" de Jim - (Valor de $ 197)
5. Bônus: "9 maneiras de terminar seu e-book até a próxima sexta-feira!" - (Valor de $ 497)
6. Bônus: "Como ganhar dinheiro com seu próprio eBook" - (Valor de $ 497)
7. Bônus: "ofertas e Pote Adoçantes" - (Valor de $ 497)

~~Valor Total: $ 2.479~~

Seu Preço Hoje: $ 29

Elementos Indispensáveis Para Um Fechamento à Prova de Balas

Há muitas coisas que acontecem no fechamento das quais você pode não estar ciente ou pode não perceber que fazem parte do copy de fechamento.

1. **Primeiro, recapitule a oferta.** É como se você estivesse dando um reset de atenção e empurrando dopamina no cérebro do leitor.

2. **Conte novamente a história do que você está vendendo.** Talvez esta seja a única parte do copy que eles realmente irão ler.

3. **Não demore para sempre.** Não gaste o mesmo tempo que você levou para escrever a cadeia lógica do corpo do seu copy.

4. **Dê a eles uma pá** ... depois venda uma escavadeira, em outras palavras, ensine as pessoas exatamente o que fazer para, e como comprar de você em doses homeopáticas. Seja assertivo no fechamento.

5. **Lembre-os da garantia e dos bônus.** Você não precisa entrar em muitos detalhes, mas mencione-os com ênfase.

REVERSÃO DE RISCO E GARANTIA

Esse é um gatilho em que você bate no peito, assume todos os riscos e remove todas as barreiras de compra... Simples assim.

Aqui está o porquê:

Muitas pessoas sequer verão a sua carta de vendas, muitos pularão a sua oferta.

Na grande maioria das vezes, a garantia e o PS são os únicos ou pelo menos os primeiros lugares que eles irão ler.

Então, vamos ver na prática o passo a passo de...

Como Criar Garantias Convincentes Que Secretamente Forçam as Pessoas a Pedir Para Comprar de Você!

Finalmente chegamos na parte das garantias ou reversão de risco.

Mas antes de entrarmos nos detalhes de como fazer isso, vamos fazer uma rápida revisão.

O que já cobrimos até aqui?

Se você seguiu esse livro cuidadosamente, já entende como funciona o processo de tomada de decisão, conhece e entende seus compradores, o que os motiva, seus medos, frustrações, ansiedades e desejos… não apenas isso…

- Você entende a linguagem que eles usam para falar do problema
- Você conhece o produto que está vendendo
- Você sabe quais são os benefícios dos produtos com os quais o cliente em potencial se preocupa
- Você desenvolveu uma grande ideia que resume porque eles querem esse produto.
- Você estabeleceu e verificou (com abundância de provas) que sua solução funciona.
- Você escreveu um título magnético e subtítulos que atraem as pessoas para dentro e através da sua mensagem de vendas com ímpeto.

- Você empilhou e combinou diversos gatilhos mentais através dos blocos de construção de sua carta de vendas para que eles comprem seu produto ou ideia.

Você fez todo esse trabalho de persuasão incrível e ainda ... ainda não é o suficiente. Por quê?

Medo.

Ray Edwards diz que precisamos remover o medo, para que as pessoas sejam livres para comprar.

Aqui está um resumo dos 10 Princípios de Ray Edwards para garantias que realmente funcionam:

Os 10 Princípios Para a Criação de Garantias Impossíveis de Ser Ignoradas:

1. **Comece com as palavras "100% de garantia incondicional de devolução do dinheiro".**

Você precisa disso porque, para algumas pessoas, esse é o único código que aceitarão em sua página de vendas, o que significa que estão protegidas. Se eles não encontrarem essas "palavras-código", não acreditarão que estão seguras.

2. **Venda seus benefícios e transformação na própria garantia.**

Mostre o que o cliente vai ganhar, quais resultados ele terá. Aqui você faz um resumo dos benefícios e transformações que o cliente desfrutará após fazer a compra.

3. **Integre o seu USP (proposta de venda única) na linguagem da própria garantia.**

Isso significa que você deve transformar a sua USP em termos do cliente:

- O que isso representa para ele?
- O que ele ganha com isso?
- Como isso vai mudar a vida dele?
- Quais resultados ele vai passar a ter a partir de agora?

Pinte um quadro futuro mostrando porque essa oportunidade é única e porque ele não pode perder essa oportunidade.

4. Personalize a Garantia

Isso significa mais do que apenas colocar algo parecido com a sua assinatura no final da garantia.

Transmita a ideia de que esta não é apenas uma garantia impessoal da empresa, mas que é sua promessa pessoal.

É a sua própria integridade que você está colocando em risco.

5. Dê a Garantia Mais Longa Possível

Se você pode dar mais de 30 dias, então faça. O processador do seu cartão de crédito pode não gostar, e você pode ter que negociar com eles sobre isso, muitos testes provaram para minha satisfação que, em quase todos os casos, quanto mais longa a garantia, menor a taxa de reembolso.

6. Demonstre Que as Devoluções São Fáceis e Sem Complicações

Não apenas descreva, mas mostre. Prove. Diga a eles como é simples desfazer a transação se desejarem.

7. Assegure-os de Que Se Trata de Uma Garantia Incondicional e Sem Compromisso.

Às vezes, é apropriado oferecer uma garantia condicional. Há casos em que isso é bom, dependendo do investimento que o cliente faz em seu programa e do custo de entrega do serviço ou treinamento.

Na maioria das vezes, porém, em quase todos os casos, você deve oferecer uma garantia incondicional e sem compromisso.

8. Enfatize a velocidade dos reembolsos

As pessoas podem acreditar que você honrará a solicitação de reembolso.

Eles podem acreditar que será um processo relativamente simples, mas mesmo que tenham essas questões resolvidas, provavelmente ainda suspeitam que levarão semanas para receber o dinheiro de volta.

Deixe claro como você pode ser rápido nos reembolsos e, quando não puder sê-lo, qual o prazo eles devem esperar.

9. Surpreenda-os Com o Que Chamo de Reviravolta "ARRISCAREI".

Isso exige um pouco de coragem, mas se você tiver resistência para fazê-lo, aumentará suas vendas como um louco.

Nesse caso, você pode se oferecer para enviar o dobro do dinheiro de volta. Ou mandar o dinheiro de volta e deixá-los ficar com o produto ... ou alguma outra promessa ultrajante que deixe claro que você tem fé absoluta na qualidade do seu produto.

10. Dê Um Nome à Sua Garantia

Não pode ser "a garantia", tem que ter um nome especial. Um nome evocativo, descritivo e diferenciador.

Um que o diferencia de outras garantias "inferiores". Algo como **"Nossa garantia superforte, boa como Gold Fort Knox"** ... ou **"O mundialmente famoso dobre seu dinheiro de volta, sem perguntas"**

BÔNUS

25 Etapas Para Empilhar os Gatilhos Mentais... Escrever Ofertas Irresistíveis, Copy de Reversão de Risco e Fechamentos Poderosos

"Você deve colocar todos os recursos que puder em sua mensagem de vendas, porque você nunca sabe o que vai fazer com que eles comprem."
Gary Halbert

Aqui estão vinte e cinco etapas para empilhar os gatilhos mentais... escrever ofertas irresistíveis, copy de reversão de risco sólido e fechamentos poderosos:

1. Faça Sua Oferta Independente

Se a seção de ofertas for a única parte de sua carta de vendas que seus clientes em potencial decidam ler, eles podem tomar uma decisão de compra?

Você deve fornecer a eles todas as informações de que precisam para tomar uma decisão de compra. Sem que eles precisem ler qualquer outra parte da sua mensagem de vendas.

Elabore sua oferta de forma que seja como uma carta de vendas em miniatura.

Ela precisa de um título, um pequeno copy do corpo, garantia, e os benefícios que descrevam o que é o produto e, exatamente o que seus clientes em potencial vão receber quando comprarem.

Em seguida, faça uma chamada à ação, onde eles possam clicar e realmente fazer o pedido do seu produto ou serviço.

2. Faça A Melhor Oferta Que Você Puder

Por exemplo: se você está vendendo (ou pensando em vender) um livro, publique um anúncio e tente distribuí-lo de graça. Ou ofereça gratuitamente por 30 dias. Por quê? Porque se você não pode dar, com certeza não vai conseguir vendê-lo. E você quer saber disso o mais rápido possível. Você quer falhar rápido.

A tentação da maioria dos profissionais de marketing é oferecer seu novo produto ou serviço com o mínimo de garantia (como 30 dias) ou pelo preço mais alto que eles acham que podem pagar.

Isto é um erro! Porque o que acontece é que você gasta muito tempo e dinheiro, então, se seus resultados são insatisfatórios, você fica com um monte de ...

"E se"

E se baixarmos o preço? E se aumentarmos a garantia? E se adicionarmos alguns bônus? E se nós? ... e assim por diante.

Então, você tem que gastar muito mais tempo e dinheiro, muitas vezes, para descobrir que a coisa toda será um fracasso de qualquer maneira. Se você tivesse feito sua oferta mais forte primeiro ... você teria economizado muito tempo e dinheiro e já estaria em sua próxima promoção ou duas procurando seu próximo grande sucesso.

Portanto, gaste um tempo elaborando a melhor oferta possível ... então ... execute isso, como a primeira coisa.

3. Recapitule a Oferta

É como se você estivesse dando um reset de atenção e empurrando dopamina no cérebro do leitor.

Lembre-se, que muitas pessoas não lerão o seu copy, e muitos não verão a sua oferta, passando direto para o fechamento ou PS. Assegure-se de que eles tenham toda a informação de que precisam para comprar AGORA.

4. Coloque Seu Copy da Área de Pedido Em Uma Caixa de Texto Diferenciadora

Se fossemos à origem... na mala direta no estilo antigo, parece um cupom que você pode recortar de um jornal ou revista. Como fiz com alguns dos exemplos em destaque.

Frequentemente, há uma borda tracejada ao redor da borda dessa "área de pedido". No anúncio de jornal ou revistas antigas, isso indicava a parte da página a ser cortada com uma tesoura e enviada com seu pagamento. Mas estou disposto a apostar que você viu essas "caixas de ofertas" do estilo de borda tracejada nas páginas de vendas na web.

Por que isso funciona online?

Por que tantos sites usam este dispositivo?

Ninguém precisa do "guia de recorte" em uma página da web. A resposta é … eu realmente não sei!

Suspeito que seja uma dica visual que conectamos em nosso sistema nervoso que diz: "Oh, é aqui que eles vão falar sobre o que devo receber se comprar esse produto ou serviço". Acho que provavelmente fomos treinados ao longo dos anos para pensar que é assim que uma oferta deve ser.

Mas, a verdade é que não importa o porquê.

O que importa é simplesmente que funciona. É outro caso de não nos preocuparmos muito se achamos que é esteticamente agradável, se gostamos de sua aparência ou não, mas perceber que funciona.

Lembre-se que eficácia (resultado), é o que buscamos com nosso copy de vendas.

5. Dê Aos Seus Clientes Em Potencial "As Palavras Para Repetir Em Suas Próprias Mentes"

Gostaria que você parasse por um momento, imagine que está olhando para uma página de um site ou de um livro. Você está lendo as palavras desta página. Você olha a página; a luz reflete na página e em seus olhos; esse sinal é enviado ao seu cérebro; seu cérebro olha para os símbolos na página e os interpreta como palavras; e sua voz interior fala as palavras em sua mente.

Pense no poder disso. É por isso que o copy funciona. Você está pensando coisas para o leitor. Se você não acredita nisso, peço que volte e releia o que escrevi no parágrafo acima. Não é verdade que você está tendo os pensamentos que eu disse para você pensar?

A razão pela qual isso é tão poderoso quando relacionado a ofertas é que, quando você escreve na voz positiva do cliente em potencial *("Sim, Maicon, quero aproveitar o seu Treinamento em Copywriting. Quero possuir o poder de transformar palavras em dinheiro")*, você está dizendo a ele o que pensar. Ainda mais, eu diria que você está pensando os pensamentos por ele ou ela, usando sua própria voz.

Como bem disse Ray Edwards: *"A mente é o instrumento em que sua voz é tocada"*...

Pense sobre isso.

6. Use Uma Linguagem Aspiracional

Invoque o desejo do seu leitor. Concentre-se no resultado que seu leitor deseja e use uma linguagem que aspire a esse resultado, para obter o estado emocional ou a sensação de ser que esse resultado vai dar a eles.

Por que isso é importante?

Esses são símbolos que fomos treinados a aceitar como seguros, confiáveis e estáveis. Ao incluí-los, você está garantindo ao cliente em potencial que sua mensagem compartilha as mesmas qualidades.

Lembre-se, o medo número um que os clientes em potencial têm quando acessam o seu site de vendas é que você possa roubá-los. Eles fornecerão as informações do cartão de crédito, embora não tenham certeza do que você fará com elas.

Na maioria dos casos, eles nunca o conheceram. Eles não sabem muito sobre você, então há um certo medo neste processo.

Tudo o que você puder fazer para remover esse medo é de vital importância para fechar mais vendas. Portanto, use os logotipos de cartão de crédito, que são ícones conhecidos e confiáveis em nossa sociedade, e inclua sua garantia. Tudo isso deve estar dentro da caixa de oferta.

Dê a eles todas as oportunidades de sucesso em lhe dar dinheiro.

7. Use um Botão de Pedido e um Link de Texto (Como "Clique Para Fazer o Pedido")

Eu prefiro o botão de pedido em HTML por um motivo simples. Ele funciona e tem uma boa aparência em todos os navegadores, dispositivos móveis... o que pode ou não ser o caso de um ícone gráfico ou imagem de botão.

Então, por que recomendo que você use o botão e um link com texto?

É sempre melhor presumir que seu usuário ou leitor não sabe realmente com 100% de certeza o que fazer a seguir. Dê a eles todas as oportunidades de sucesso em lhe dar dinheiro dizendo exatamente o que fazer.

Por exemplo:

- Clique aqui para fazer o pedido
- Acessar agora
- Reservar minha vaga
- Garantir minha vaga agora
- Cadastrar e-mail
- Etc...

Garantia: A garantia também é conhecida como seção de "reversão de risco" do seu copy. Por que chamamos isso de reversão de risco?

Como disse anteriormente, o maior medo que os clientes em potencial tem quando acessam seu site é o medo de que você os engane.

Você quer tranquilizá-los - tanto quanto possível - de que a decisão que estão tomando é a decisão certa e que não podem cometer erros. É disso que trata a seção "reversão de risco". É aqui que você deixa claro que está assumindo todos os riscos.

Se você não acredita que isso seja verdade, gostaria que pensasse em algo:

Se alguém fizer um pedido do seu produto ou serviço e não ficar satisfeito com isso e solicitar um reembolso, você deverá enviar o reembolso de volta para a pessoa ou ela deve enviar o produto de volta para você?

Quem foi o perdedor na transação? Se você exigir que seu comprador pague todo o frete e assim por diante, pode pensar que realmente não perdeu nada ... mas sim.

No mínimo, você perdeu o tempo e a energia necessários para cumprir o pedido, lidar com a solicitação de reembolso, fazer o reembolso e, em seguida, reabastecer seu item. Você não retirou o risco do comprador e o assumiu?

Ao oferecer uma garantia, você está realmente dizendo: "Estou disposto a defender a qualidade do meu produto ou serviço e estou tão confiante na qualidade desse produto ou serviço que estou disposto a aceitar o risco de lhe dar uma garantia mesmo que você decida enviar meu produto de volta"

Ray Edwards disse: *"Mesmo sabendo que meu produto é de alta qualidade e oferece mais do que prometi em minhas cartas de vendas e comunicações, sei que algumas pessoas - por qualquer motivo - escolherão não honrar nossa transação e farão a solicitação de reembolso (talvez logo depois de copiar o material que enviei!). Eles podem até encomendar o meu produto, nunca abri-lo e, em seguida, um pouco antes do término do período de garantia, devolvê-lo rapidamente. Acho que eles desonraram nossa transação ao não abrir o material, examiná-lo ou revisá-lo, ou decidindo com antecedência que iriam apenas solicitar o material, copiá-lo e me enviar de volta as informações".*

Mesmo acreditando que esse tipo de comportamento é desonroso, contínuo disposto a honrar a garantia, porque a verdade é que, se você faz seu trabalho no copy de vendas e entrega seu produto ou serviço, a quantidade de pessoas que vai realmente enganar você solicitando um reembolso é muito pequena.

Por outro lado, a quantidade de pessoas que passam a comprar o seu produto por conta da garantia é muito maior...

Eu realmente quero que você entenda - bem no fundo de seus ossos - o fato de que a reversão do risco é exatamente o que ela diz.

Não é um truque semântico de linguagem; realmente é a reversão do risco.

Eu decidi que todos os meus produtos digitais terão pelo menos 60 dias de garantia ou mais, e estou disposto a arcar com isso independentemente da plataforma, operadora de cartão ou qualquer outra circunstância.

Isso fez as vendas mais do que dobrar e o aumento na taxa de reembolso foi praticamente irrelevante comparado às novas vendas por causa da nova garantia... pense sobre isso.

Lembre-se das palavras de Ray Edwards, "Não ande como sonâmbulo escrevendo sua seção de reversão de risco ou garantia.

Não escreva apenas "garantia de devolução de 100% do seu dinheiro". Acho que você deveria oferecer isso, mas é importante dar uma dimensão extra. Descreva sua garantia de maneiras novas e exclusivas."

8. Coloque Sua Reversão de Risco Dentro de um Certificado

Isso cria credibilidade e aumenta as conversões. Colocar algo na forma de certificado confere credibilidade... lembra do gatilho da autoridade?

Se precisar, volte no capítulo sobre garantia e reversão de risco, e modele os exemplos de sucesso... Os testes provam que colocar a reversão de risco ou garantia dentro de um certificado aumenta as conversões. Simplesmente funciona.

A propósito, se precisar de modelos específicos para outros nichos acesse a pág. 225 do <u>Manual de Copywriting</u>.

9. Continue Vendendo, Especialmente na Seção de Reversão de Risco

Acabei de fazer algo semelhante no tópico acima. Muitos redatores cometem o erro de acreditar que a venda só deve ser feita no fechamento, isso não é totalmente verdade.

Se você observar as cartas de vendas vencedoras vendem em todas as oportunidades. Portanto, esse é um lugar perfeito para reafirmar os benefícios de sua oferta e pedir a venda.

A propósito, se você quiser um passo a passo detalhado de como fazer isso e ter acesso aos 8 tipos de ofertas mais poderosas para ativar o desejo, criar escassez e fazer o cliente agir! Vá até a pág. 230 do Manual de Copywriting.

Acabei de fazer isso com você, notou? Mas veja que fiz de forma íntegra e para suprir um desejo que acabei de ativar... percebeu?

Esteja atento a todos os detalhes. As pessoas vão olhar para a sua garantia. É bem possível que seja uma das poucas coisas que eles realmente leem em sua página antes de tomar uma decisão de compra.

10. Use a Linguagem "100% do Dinheiro de Volta", Mas Não Confie Apenas Nisso Para Transmitir a Mensagem de Sua Garantia

Acredito que aprendi isso com Ray Edwards e Gary Halbert, e não há palavras para agradecê-los o suficiente. Aplicar isso o coloca à frente da grande maioria do seu mercado.

Uma vez que eles estão oferecendo apenas a garantia mais básica, quando oferecem. Você está transformando isso em uma linguagem de benefícios e tornando sua oferta fisiologicamente irresistível.

Lembre-se de usar uma linguagem ativa para dimensionar sua garantia. Já descrevi isso anteriormente, mas preste atenção a esta etapa com cuidado.

Acredito que você deva incluir a linguagem "garantia de devolução de 100% do seu dinheiro". Porque algumas pessoas simplesmente procuram essa frase como uma espécie de garantia de que não há truques envolvidos em sua garantia.

Para alguns, é importante que você use essa linguagem específica em sua garantia. Use-a, mas não faça disso a única garantia que você oferece; seja mais descritivo e transforme a sua garantia em uma oferta à parte.

Seja ousado... se o seu produto é realmente bom, deixe as pessoas saber.

11. Adicione Vídeo à Sua Seção de Reversão de Risco

O conselho de Ray Edwards é que você deve fazer sua reversão de risco ou garantia pessoal, persuasiva e apaixonada.

Uma das melhores maneiras de fazer isso é usando a voz e o rosto humanos, especialmente se sua personalidade fizer parte do marketing.

Um vídeo seu, entregando pessoalmente a garantia, é mais poderoso do que apenas um texto.

12. Use Todas as Ferramentas Que Estiverem Disponíveis Para Você No Fechamento

Isso significa que você deseja um título na página de pedidos exatamente como descrevi: um título afirmativo, de parabéns e que os informe que tomaram a decisão certa.

Você deseja recapitular todos os principais benefícios, provavelmente os mesmos que você listou na caixa de oferta na página da carta de vendas. Reafirme sua garantia ou reversão de risco.

Você deseja usar urgência, escassez e recompensa.

Urgência e escassez podem ser alcançadas estabelecendo limites. Defina um limite de tempo: "Você deve fazer o pedido até sexta-feira às 23:00;" ou um limite numérico: "Temos apenas 13 desses kits disponíveis. Você deve fazer o pedido antes que acabe" ou um limite de data com base na expiração de uma venda.

Se você puder introduzir alguma urgência no processo de vendas de forma ética e honesta, então você deve fazê-lo.

Como recompensa, você pode oferecer: por exemplo, "Para as próximas 20 pessoas que solicitarem este produto, também forneceremos um Bônus especial sobre ..." ou "... daremos a você um segundo aparelho" ou qualquer outra coisa apropriada que puder ser.

Isso recompensa a ação rápida.

Certifique-se de oferecer um número limitado ou um tempo limitado em seus itens de bônus, e certifique-se de que tudo seja honesto e ético.

13. Não Faça Suposições

Não pressuponha nada. Você deve contar sua história completa todas as vezes ... até mesmo para seus próprios clientes. Não omita NENHUM detalhe.

Gary Halbert dizia que "você não pode abrir caminho para a venda a menos que faça o cliente completar a jornada. Mesmo as pessoas que o conhecem e sabem o quão maravilhoso é o seu produto elas precisam ser lembradas disso. Toda vez. Não é que elas sejam burras ou tenham memória curta ... mas elas estão ocupadas e bombardeadas com toneladas de publicidade e um milhão de outras distrações todos os dias".

Então, uma vez que você chamou a atenção do seu cliente, é melhor dizer a eles tudo que você pode ... todas as vezes. As pessoas querem desesperadamente acreditar em você ... mas ... você tem que dar a eles razões suficientes para isso.

E parte de dar a eles motivos suficientes é incluir cada fato, detalhe e benefício possível ... sempre!

14. Aumente a Oferta Tornando-a Fácil de Comprar

Ofereça parcelas fáceis. Deixe-os pagar em 2 ou 3 pagamentos divididos igualmente a cada 30 dias. Ou, no caso de programas, produtos ou serviços de alto valor ... talvez em 6 a 12 parcelas mensais.

A propósito, não diga "pagamentos" ... isso carrega uma conotação negativa. Em vez disso, diga "parcelas".

Deixe-os acreditar que o valor é muito menor do que realmente é, por exemplo, se você estiver vendendo um produto de R$2.000, transforme esse valor cheio em um valor fracionado, em meses, dias talvez. Em vez de fazer uma oferta de 2.000 mostre que é apenas 12x de R$167 ou melhor ainda... apenas R$5,60 por dia.

15. Torne Suas Promoções Reais, Honestas e Éticas

Nada pode prejudicar mais a sua credibilidade do que se você disser: "Vamos oferecer este bônus apenas até quinta-feira à meia noite!" Aí o seu leitor volta sábado às 15h para ver se você mentiu ou não e descobre que, na verdade, você estava mentindo.

Na verdade, você alterou a data no site usando um pequeno script sorrateiro.

Não recorra a esses tipos de truques. Torne suas promoções reais, honestas e éticas. Você será recompensado em troca. Se você fizer isso da forma certa as pessoas começarão a valorizar sua verdadeira escassez.

Aqui você precisa ser o mais específico possível. Na verdade, você pode até sentir que está escrevendo para um aluno da terceira série.

Você usará uma linguagem como esta: "Ok, agora é a hora de digitar seu nome e endereço, verifique novamente se as informações estão corretas, digite o número do seu cartão de crédito e clique no botão 'Comprar agora'".

Você quer ser específico em suas instruções. Se você puder dar essas instruções em áudio ou vídeo, melhor ainda.

16. Comece Com Uma ABERTURA FORTE

"Em caso de dúvida, passe pela porta com as duas armas em punho" - Desconhecido

E o que isso significa é ... abertura forte. Se você não tem certeza de como começar ... comece com um choque ... uma declaração grande e ousada, carregada de benefícios que são significativos para o leitor.

Em certo sentido, é claro, as aberturas mais eficazes fazem várias coisas ao mesmo tempo. Elas dão início à ação, definem o tom e estabelecem o problema ...

... sua abertura tem que ser boa ou o resto da história não terá chance porque ninguém vai ficar por perto para lê-la."

17. Comece Pelo Mais Importante

Observe como bons filmes, séries e outros programas fazem para manter a atenção do espectador. Eles normalmente abrem com a parte mais importante, o ponto chave, o ponto mais alto.

Muitas vezes fazem isso fora de contexto para gerar curiosidade, desejo e fazer com que você tenha que assistir ou ler para fechar o loop que acabou de ser aberto.

Portanto, comece sua carta de vendas, apresentação ou conversa pela parte mais empolgante, mais tensa, mais misteriosa… faça o cérebro do leitor gritar por encontrar sentido e fechar o loop.

Nesse caso, ele só vai conseguir isso lendo ou assistindo a sua mensagem de vendas…

18. Você Deseja Tranquilizar e Elogiar Seus Leitores

Novamente, esse é mais um dos brilhantes conselhos de Ray Edwards, e não poderia ser mais oportuno. Todo mundo anseia por afirmação.

Como bem disse o grande Dale Carnegie: *"As pessoas anseiam por reconhecimento... Seja honesto em sua aprovação e generoso em seus elogios."*

Dê-lhes o que eles querem. Se você criou um produto ou serviço verdadeiramente útil que faz a diferença na vida dos compradores, não deve ter vergonha de dizer:

"Estou tão orgulhoso de você por tomar esta decisão de comprar meu produto ou serviço, e eu estou tão animado com a diferença que isso fará em sua vida. Mal posso esperar para ouvir sua história de sucesso e espero que você a compartilhe comigo.

Aqui está o que você deve fazer agora, digite seu nome, endereço e informações de cartão de crédito e clique no botão que diz 'Compre agora', para que eu possa enviar seus itens para você imediatamente."

Tranquilize e elogie seu leitor pela boa decisão que ele tomou.

19. Explique o Que Vai Acontecer

Diga a eles exatamente o que vai acontecer quando eles pressionarem o botão "Enviar" ou "Comprar agora".

Esta é uma pergunta sobre a qual seu leitor está se perguntando. "Quando eu clicar aqui, vou receber um recibo para impressão? Serei levado para uma página de download? O que vai acontecer quando eu clicar nesse botão?"

A melhor maneira de tranquilizá-los é contar o que vai acontecer. Se você puder, faça um vídeo de captura de tela que mostra exatamente o que vai acontecer.

Tenha uma mensagem ou seta apontando para o vídeo que diz: **"Clique aqui para assistir a um vídeo sobre o que acontece a seguir".**

Você pode ter um áudio que toca, dizendo: "Ao clicar no botão 'Comprar agora', você será levado a uma página onde poderá fazer o download imediato de seus itens e poderá imprimir seu recibo e comprovante de compra na próxima página. Vá em frente e clique no botão 'Comprar agora' e faça sua compra."

20. Use o PS Como uma Oferta Independente

Por que o PS é tão importante?

Lembre-se de que os leitores leem, rolam e examinam. Eles começam na parte superior e vão até a parte inferior. Por quê? Porque eles querem saber: "O que essa pessoa está vendendo e quanto custa?" e isso geralmente fica próximo do final da página.

Agora, no PS, dependendo de quem você ouve... alguns dirão:

- O PS é o primeiro, segundo ou o terceiro elemento mais lido de uma carta de vendas.
- Alguns dizem que é antes do título ... ou depois. Ou antes / depois do formulário de pedido (se não o esconder).

Mas de qualquer forma. O que todos podemos concordar é que é "um" dos elementos de primeira leitura ... portanto ... é de extrema importância.

Sendo esse o caso, você deseja que seu PS seja atraente e seja capaz de fechar a venda ou puxar o leitor direto para o fechamento.

1. Menção ou Lembrete do Prazo

Use o PS para aumentar a tensão e aumentar o sentimento de escassez.

Todo mundo sabe que temos uma tendência inata de deixar as coisas para a última hora, quem nunca disse "amanhã eu faço, depois eu faço, ah! Ainda tenho muito tempo...depois eu vejo isso". Use o PS para fazer as pessoas agirem agora.

2. Repita a Garantia e Peça Uma Ação Novamente

O PS pode ser um lugar estratégico onde você pode, mais uma vez, reforçar sua oferta, termos e garantia de forma rápida e assertiva. veja…

PS. Sua compra é totalmente garantida por até 365 dias. Se, a qualquer momento durante este período, você estiver insatisfeito de alguma forma... basta devolver o produto para o reembolso total do seu preço de compra sem custo. Justo? Peça agora!

21. Mantenha a Aparência do Seu Site

Seu formulário de pedido deve ser exatamente igual ao seu site. Em muitos casos, o formulário de pedido será hospedado em outro lugar que não o seu próprio servidor. Normalmente, ele será hospedado por meio do sistema de carrinho de compras.

Porém, há um problema quando a página do pedido parece totalmente diferente do seu site real. Inconscientemente, seus compradores sentirão que há uma desconexão entre o que você está dizendo a eles e o que você está vendendo.

Nós, seres humanos, temos uma tendência natural de perceber mudanças.

Nosso cérebro foi treinado para detectar inconsistências e mudanças de ambiente. Qualquer coisa que fizer a pessoa do outro lado hesitar ou ficar em dúvida, você perde.

Faça a transição perfeita.

Quando as pessoas clicam no botão de compra de algum dos meus produtos, provavelmente nem percebem, ao clicar no botão de pedido, para acessar a página de checkout ou acesso, que na verdade trocam de servidor duas ou mais vezes.

Isso é intencional. Garantimos que as páginas tenham a mesma aparência quando você fizer essa transição. Você deve fazer o mesmo - manter a aparência e o toque idênticos.

Há um fenômeno chamado de Associação Subconsciente Instantânea (ISA). Isso simplesmente significa que seus leitores estão percebendo a aparência do seu site e, se ele for inconsistente, eles acham que você é inconsistente - que seu negócio é inconsistente.

22. Faça o Cliente Se Comprometer Com o Resultado

Se você vende programas High Ticket ou programas de acompanhamento, esse tipo de oferta onde o cliente se compromete antes de fechar a compra pode aumentar muito o nível dos resultados e reduzir os reembolsos.

23. Ofereça Mais do Que o Dinheiro de Volta

Você verá empresas que confiam tanto no seu produto que garantirão o dobro do seu dinheiro de volta. Para Halbert o truque para isso é torná-lo condicional.

Ou seja, você dará a eles o dobro do dinheiro de volta se eles lhe mostrarem algum tipo de prova de que usaram seu produto conforme as instruções.

Não torne isso muito oneroso... apenas algum tipo de prova. Como se eles tivessem que mostrar a você o anúncio que exibiram, ou uma cópia de sua licença comercial ou algo assim.

O fato é que a maioria das pessoas que reembolsam não faz nada ... é por isso que reembolsam. Ter condições amenas elimina os reembolsos dessas pessoas ... que são a maioria dos seus reembolsos de qualquer maneira.

24. Elimine os Aborrecimentos

Inúmeros testes e estudos revelam que as pessoas odeiam aborrecimentos mais do que temem perder dinheiro. Se eles acham que terão que passar por muita burocracia para ter seu dinheiro de volta, às vezes, simplesmente deixam passar.

Algumas empresas antiéticas contam com isso como parte de sua estratégia de negócios. Imploro que não seja esse tipo de empresa, porque isso é simplesmente sujo.

Torne mais fácil e descomplicado para as pessoas receberem seu dinheiro de volta, deixe isso claro para elas. Você pode achar difícil de acreditar, mas vários estudos de consumo provam que os compradores geralmente odeiam o aborrecimento mais do que temem perder seu dinheiro.

25. Teste seu formulário de pedido.

Às vezes, são as coisas mais simples que podem atrapalhar seu sistema de carrinho de compras. Se você não o testou antes de os visitantes da Web usá-lo, você pode ter alguns problemas embaraçosos e caros.

Encomende o seu próprio produto. Se for um produto caro e você quiser minimizar suas despesas de processamento, defina-o como zero ou um real e faça vários pedidos.

Tente quebrar seu formulário de pedido; tente inserir informações erradas. Pense no que seus clientes em potencial podem fazer em sua página de pedidos, o que pode atrapalhar seu sistema, e então faça essas coisas e veja o que acontece.

É melhor saber com antecedência, em vez de descobrir quando receber uma reclamação de um comprador insatisfeito, ou quando observar as vendas escorrendo por entre seus dedos. Porque o formulário de pedido não funcionou corretamente.

Muitas vezes descubro que clientes e empresas nem percebem que estão perdendo pedidos.

É aqui que muitos pedidos são perdidos, na página do pedido real, no carrinho de compras.

Certifique-se de ter um plano de backup.

- O que acontecerá se o cartão de crédito do cliente for recusado ou a transação não for concluída?
- Você liga para ele ou ela?
- O cliente é levado para uma página da Web diferente?

Pense no que acontecerá a seguir nesse processo e planeje-o. Recupere-se de cartões recusados e carrinhos de compras abandonados e você aumentará as vendas drasticamente.

Seu Exercício Para Este Capítulo

Marque ou imprima este capítulo, a depender da versão que você tem em mãos, se o livro físico ou digital, e use cada uma destas etapas para lapidar a sua mensagem.

Garanta que sua mensagem de vendas siga cada uma dessas etapas, como um checklist.

Ao fazer isso, você garante que seu copy esteja com todos os elementos necessários para se tornar um copy vencedor.

Resumo Rápido dos Pontos-chave no Capítulo Bônus

1. Faça sua oferta "independente". Se a seção de ofertas é a única parte que seu cliente em potencial lê - ele ou ela pode tomar uma decisão de compra com base nisso?

2. Faça a melhor oferta que você puder. Gaste o tempo elaborando a melhor proposição possível ... então ... execute isso, como a primeira coisa.

3. Recapitule a oferta. Assegure-se de que eles tenham toda a informação de que precisam para comprar.

4. Coloque seu copy da área de pedido em uma caixa de texto diferenciadora .

5. Dê aos seus clientes em potencial as palavras para repetir em suas próprias mentes - a razão pela qual isso é tão poderoso quando relacionado a ofertas é que quando você escreve na voz positiva do cliente em potencial você está dizendo a ele o que pensar.

6. Use uma linguagem aspiracional - Invoque o desejo do seu leitor. Concentre-se no resultado que seu leitor deseja e use uma linguagem que aspire a esse resultado.

7. Use um botão de pedido e um link em texto (como "clique para fazer o pedido"), dê a eles todas as oportunidades de sucesso em lhe dar o dinheiro.

8. Coloque sua reversão de risco dentro de um certificado - isso cria credibilidade e aumenta as conversões.

9. Continue vendendo, especialmente na seção de reversão de risco - esse é um lugar perfeito para reafirmar os benefícios de sua oferta e pedir a venda.

10. Use a linguagem "100% do dinheiro de volta", mas não confie apenas nisso para transmitir a mensagem de sua garantia.

11. Adicione vídeo à sua seção de reversão de risco -um vídeo seu entregando pessoalmente a garantia é mais poderoso do que apenas um texto.

12. Use todas as ferramentas que estiverem disponíveis para você no fechamento certifique-se de que tudo seja honesto e ético.

13. Não pressuponha nada. Você deve contar sua história completa todas as vezes.

14. Aumente a oferta tornando-a fácil de comprar e deixe-os acreditar que o valor é muito menor do que realmente é.

15. Torne suas promoções reais, honestas e éticas - você quer ser específico em suas instruções. Se você puder fazer essas instruções em áudio ou vídeo, melhor ainda.

16. Comece com uma ABERTURA FORTE - Se você não tem certeza de como começar ... comece com um choque ... uma declaração grande e ousada.

17. Comece pelo mais importante - comece sua carta de vendas pela parte mais empolgante, mais tensa, mais misteriosa... faça o cérebro do leitor gritar por encontrar sentido e fechar o loop .

18. Você deseja tranquilizar e elogiar seus leitores - todo mundo anseia por reconhecimento. Dê-lhes o que eles querem.

19. Explique os próximos passos e diga a eles exatamente o que vai acontecer quando eles pressionarem o botão "Enviar" ou "Comprar agora".

20. Use o PS como uma oferta independente - você deseja que seu PS seja atraente e seja capaz de fechar a venda ou puxar o leitor direto para o fechamento.

21. Mantenha a aparência do seu site - qualquer coisa que fizer a pessoa do outro lado hesitar ou ficar em dúvida você perde.

22. Faça o cliente se comprometer com o resultado – isso pode aumentar muito o nível dos resultados e reduzir os reembolsos.

23. Ofereça mais do que o dinheiro de volta - Você verá empresas que confiam tanto no seu produto que garantirão o dobro do seu dinheiro de volta.

24. Elimine os aborrecimentos - Os compradores geralmente odeiam o aborrecimento mais do que temem perder seu dinheiro.

25. Teste seu formulário de pedido. É melhor saber com antecedência, em vez de descobrir quando receber uma reclamação ou quando observar as vendas escorrendo por entre seus dedos porque o formulário de pedido não funcionou corretamente.

CONCLUINDO

Caro amigo,

Chegamos ao final deste livro... Espero que tenha curtido a jornada!

Espero sinceramente que eu tenha conseguido ser claro o suficiente e que você tenha entendido e aplicado pelo menos uma parte do que vimos ao longo destas páginas.

Todo o meu propósito neste livro, em última análise, é ajudá-lo a fazer vendas. Eu tenho que confessar. Este livro é um livro de vendas, mais do que um livro de Gatilhos Mentais. É sobre vendas tanto, ou mais, do que apenas persuasão, porque quando você aprende técnicas de vendas, você pode aplicá-las à palavra escrita e à palavra falada. Você aprendeu como usar os gatilhos mentais, estruturar mensagens de vendas e como criar uma conversa que leve alguém a parar para ouvir o que você tem a dizer e querer agir.

Você pode estar no final deste livro, mas espero que seja o seu começo. Espero ter inspirado você a querer melhorar em vendas.

Tornar-se bom em vendas significa ganhar dinheiro. Não há nada de errado em ajudar as pessoas e, ao mesmo tempo, ganhar dinheiro.

Este livro também falou sobre a comunicação clara com seus clientes potenciais. Definitivamente, você deseja que essas três habilidades (vender, ganhar dinheiro, comunicar-se com clareza) se tornem parte de quem você é. Isso fará uma enorme diferença para você em praticamente todas as áreas de sua vida.

Você tem nas suas mãos um material riquíssimo que já gerou milhões de dólares.

Use isso a seu favor.

Faça melhor, pegue os segredos deste livro, aplique-os à sua comunicação e faça mais vendas. Seja autêntico e ajude as pessoas a fazerem a diferença em suas vidas nesse processo.

E antes de nos despedirmos deixe-me contar uma rápida história de um escritor que vivia a beira mar.

Era uma vez um escritor que morava em uma praia paradisíaca, junto a uma colônia de pescadores.

Todas as manhãs ele tinha o costume de caminhar à beira do mar para se inspirar e à tarde ficava em casa escrevendo. Certo dia, caminhando pela praia, ele viu um vulto que parecia dançar na areia.

Ao chegar perto, reparou que se tratava de um jovem que recolhia estrelas-do-mar da areia da praia para, uma por uma, jogá-las novamente de volta ao oceano.

– *Por que está fazendo isso?* – perguntou o escritor.

– Você não vê? – explicou o jovem. – A maré está baixa e o sol está quente. Elas irão secar e morrer se ficarem aqui na areia.

O escritor espantou-se.

– Meu jovem, será que você não percebe... existem milhares e milhares de quilômetros de praias por este mundo afora, e centenas e centenas de milhares de estrelas-do-mar espalhadas pela   praia.
Que diferença faz? Você joga umas poucas de volta ao oceano, mas no total não vai fazer diferença nenhuma. A maioria vai morrer de qualquer forma.

O jovem pegou mais uma estrela na praia, olhou fundo nos olhos do escritor, jogou aquela estrela-do-mar de volta ao oceano e disse.

– Para esta aqui eu fiz a diferença!

Naquela tarde o escritor não conseguiu escrever, naquela noite ele também não conseguiu dormir. No dia seguinte pela manhã, o escritor voltou à praia, foi até o jovem... juntou-se a ele e, juntos, começaram a jogar estrelas-do-mar de volta ao oceano.

Eu não sei qual sua idade, não sei qual é o seu negócio, não sei pelo que você está passando nesse exato momento.

Mas uma coisa eu tenho certeza. Assim como aquele rapaz no mar, se pelo menos uma dessas palavras foi capaz de provocar pelo menos uma mudança de atitude ou pensamento em você**... JÁ VALEU A PENA!**

Ao seu Sucesso e Felicidade!

Maicon Rocha

Contatos

E-mail: contato@maiconrocha.com.br

Conectados: www.MaiconRocha.com.br

Leituras Recomendadas por Maicon

Publicidade Científica

por Claude Hopkins

Em Busca de Espinosa

por Antônio Damásio

The One Sentence Persuasion Course

por Blair Warren

Tested Advertising Methods

por John Caples

Breakthrough Advertising

por Eugene Schwartz

Agradecimentos

Tenho que começar agradecendo meus pais, Dão e Eliete. Por cada ensinamento e por ter preparado todo o caminho. Essa jornada não seria tão emocionante sem vocês... sinto um orgulho profundo de tê-los como Pais.

A você Nyvia, você iluminou minha vida filha.

Agradeço a dois amigos especiais, George e Francy. Por ouvir minhas ideias malucas, e estar sempre prontos para ajudar... a jornada tem sido muito melhor com vocês. Obrigado!

Obrigado, Preto e Sávio, mesmo fisicamente distantes vocês me fizeram querer ser alguém melhor e me doar mais por outras pessoas.

Obrigado a todas as pessoas fantásticas no meu trabalho no banco, vocês me fizeram crescer como pessoa e encontrar em vendas uma verdadeira paixão. Embora eu tenha falhado miseravelmente nas vendas a maior parte do tempo, aprendi uma coisa: grandes vendedores são as pessoas mais livres e mais bem pagas do planeta.

Um grito especial a todos vocês que acabei não mencionando o nome, mas que, de alguma forma, cruzaram a minha jornada em algum momento, vocês me fizeram estar aqui. Obrigado!

E, por fim, gostaria de agradecer a todos que compraram (ou não compraram) nada de mim: Uma apólice de seguro de vida, plano de emagrecimento, compra de assinatura de clube, e-book, assistente de software e muito mais. Quer tenha comprado ou não, você me ajudou a aprender mais sobre vendas e as palavras que fazem e não fazem as pessoas comprarem. Por isso, sou eternamente grato.

Próximos Passos

Se você seguiu cada uma das etapas até aqui, você sabe mais sobre gatilhos mentais, técnicas de persuasão e estratégias de vendas do que 99,99% dos "profissionais" no mercado.

Em outras palavras, você agora tem tudo que precisa para criar suas primeiras estratégias de vendas e começar a colher os resultados.

Espero que esse seja apenas o começo da jornada, como diria Clóvis de Barros, *"o melhor ainda está por vir"*.

Cada vez que você realiza uma nova venda ou ajuda um novo cliente você tem novos recursos que podem ser usados para deixar sua mensagem ainda mais poderosa e persuasiva.

Agora que você já domina os principais Gatilhos Mentais, o seu próximo passo lógico nessa jornada é criar sua carta de vendas. Em outras palavras, você precisa ajustar sua comunicação e ofertas para obter mais clientes e fazer mais vendas.

Para isso você precisa dominar os 3 pilares para a geração de vendas imediatas:

1. Público
2. Oferta
3. Estratégia

A boa notícia é que o meu livro de Copywriting pode te ajudar nessa jornada com o passo a passo exato de como criar cartas de vendas de conversão imediata... para obter mais clientes, vendas e lucros. Passando por cada um dos pilares "Público, Oferta e Estratégia".

Você poderá acessá-lo nas próximas páginas.

Bônus Extra

Curso Gratuito de Copywriting
Estratégias de Negócios Para Vendas Imediatas

Descubra os Segredos e a Psicologia Por Trás Das Copys de Conversão Imediata Para Obter Mais Leads, Vendas e Lucros..

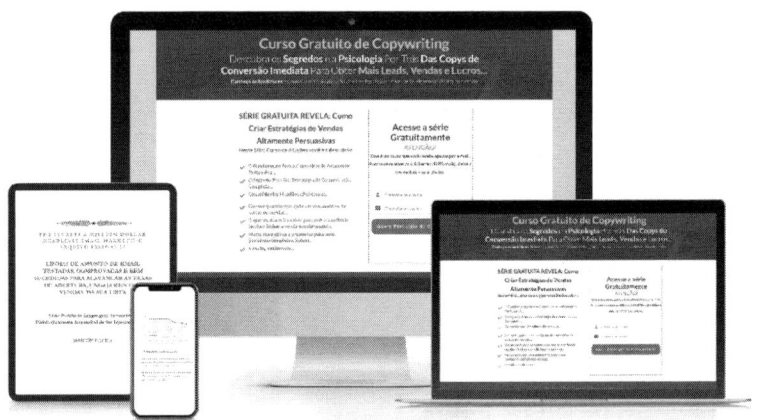

Use o link ou QR Code abaixo para acessar agora.

https://bit.ly/bonus01livrogatilhosmentais

OUTROS LIVROS DO AUTOR

Manual de Copywriting: Como Usar Técnicas de Persuasão e o Poder das Palavras Para Obter Mais Cliques, Vendas e Lucros ... Não Importa o Que Você Venda ou Para Quem Você Venda!

Em resumo, este livro ensina copywriting de forma inteligente, o que significa que este livro ensina como obter resultados hoje. Se você já tentou escrever anúncios, e-mails e cartas de vendas para sua empresa antes e não conseguiu, este livro é para você. Para fazer mais vendas - não importa o que você venda ou para quem você venda. Garanta já sua cópia.

Disponível em: https://www.amazon.com.br/dp/B09GG3F2FD

Oferta Irresistível: Como Fazer Ofertas Tão Boas Que as Pessoas se Sintam Estúpidas em Dizer Não... O Segredo e a Psicologia Por Trás Das Ofertas de Conversão Imediata!

Em resumo, este livro ensina Como aumentar massivamente as vendas de qualquer produto ou serviço de forma inteligente e ser pago pela sua capacidade de pensar em termos práticos... não mais pela quantidade de horas trabalhadas.

Use essas técnicas para obter mais leads, mais vendas e mais lucro para o seu negócio. Pegue esses segredos comprovados para vender muito mais, a preços mais altos, criando ofertas tão boas que as pessoas se sintam estúpidas em dizer não. Garanta sua cópia agora.

Disponível em: https://www.amazon.com.br/dp/B09LRWC769

Printed in Great Britain
by Amazon

24204979R00142